韩元军 著

少年读伟人

马克思
MAKESI：YUE CHENGZHANG YUE ZIYOU
越成长越自由

红旗出版社

图书在版编目（CIP）数据

马克思：越成长越自由 / 韩元军著 . —— 北京：红旗出版社，2024.4
（少年读伟人）
ISBN 978-7-5051-5409-4

Ⅰ．①马… Ⅱ．①韩… Ⅲ．①马克思 (Marx, Karl 1818-1883)—生平事迹—少年读物 Ⅳ．① A712-49

中国国家版本馆 CIP 数据核字（2024）第 060550 号

书　　名	马克思：越成长越自由		
著　　者	韩元军		
责任编辑	赵　洁　刘云霞	责任印务	金　硕
责任校对	吕丹妮		
出版发行	红旗出版社		
地　　址	北京市沙滩北街 2 号	邮政编码	100727
	杭州市体育场路 178 号	邮政编码	310039
编辑部	0571-85310198	发行部	0571-85311330
E-mail	498416431@qq.com		
法律顾问	北京盈科（杭州）律师事务所	钱　航　董　晓	
图文排版	浙江新华图文制作有限公司		
印　　刷	杭州广育多莉印刷有限公司		
开　　本	710 毫米 ×1000 毫米	1/16	
字　　数	140 千字	印　张	9.5
版　　次	2024 年 4 月第 1 版	印　次	2024 年 4 月第 1 次印刷
ISBN 978-7-5051-5409-4		定　价	36.00 元

Contents 目 录

上篇　马克思正青春

引子　为什么少年要读马克思？／002

第一章　认识马克思：不止一面

1. 从"叛逆青年"到"千年伟人"／008
2. 从"站在巨人肩膀上"到"成为巨人"／014
3. 从"独行快"到"众行远"／020
4. 从"天才理论家"到"伟大实践家"／027

第二章　重读经典：认识世界的显微镜

1. 人类社会发展规律藏在让老鼠牙齿批判的书中／034
2. 《共产党宣言》既是宣言书，又是播种机／040
3. 《资本论》揭露资本主义社会运行本质／045

第三章　追问真理：读懂马克思主义

1. 马克思主义过时了吗？／052
2. 马克思主义如何从空想走向科学？／057
3. 马克思主义是马克思一个人的思想吗？／062
4. 马克思主义最根本的世界观和方法论是什么？／066

下篇　越成长越自由

引子　为什么人越成长越自由？／072

第四章　成长的钥匙：汲取马克思的大智慧

1. 走你的路，让人们去说吧！／078

2. 养成批判性思维，避免人云亦云／083

3. 学会斗争，跌倒了就爬起来／087

4. 养成战略思维，行动才能快人一步／092

5. 透过现象看本质，看问题更深刻／097

第五章　活学活用：成为马克思那样的全才

1. 不偏科的秘诀是什么？／104

2. 怎样写出好文章？／108

3. 如何快速积累知识？／113

第六章　志向远大：做马克思式少年

1. 学习之路：以科学方法锻造多面手／120

2. 职业理想：先埋下梦想的种子／125

3. 社会责任：个人追求和民族复兴的统一／131

4. 家和远方：塑造完美的自己／137

后记　马克思主义如何影响世界？　／145

上篇
马克思正青春

引子

为什么少年要读马克思？

2023年3月14日，是全世界无产阶级和劳动人民的革命导师卡尔·马克思逝世140周年，我们十分怀念这位伟大的革命导师。140多年来，世界格局发生了巨变，但是马克思创立的科学理论始终是烛照世界历史进程、指引人类前进方向的智慧明灯。

习近平总书记在纪念马克思诞辰200周年大会上的讲话中强调："共产党人要把读马克思主义经典、悟马克思主义原理当作一种生活习惯、当作一种精神追求，用经典涵养正气、淬炼思想、升华境界、指导实践。"[1] 青少年更要从小学会从马克思经典著作中汲取成长智慧和前进力量，在生活和学习中活学活用马克思主义的思想和方法，在磨炼中不断成长、成才。

---

[1] 徐隽、鞠鹏：《纪念马克思诞辰200周年大会在京举行》，《人民日报》2018年5月5日第1版。

对于青少年来说，应该如何看待马克思的学说呢？中国有句古语"授人以鱼，不如授人以渔"，意思是传授给人既有的知识，不如传授给人学习知识的方法。对于这个问题，恩格斯有一句经典的回答："马克思的整个世界观不是教义，而是方法。它提供的不是现成的教条，而是进一步研究的出发点和供这种研究使用的方法。"① 这告诉我们，掌握学习马克思主义的方法至关重要，要把马克思经典著作"厚的读薄，薄的读厚"。习近平同志在年轻时就博览马克思经典著作，并总结出一套行之有效的"厚的读薄，薄的读厚"的学习方法，值得我们认真学习。习近平同志认为，读懂马克思主义原著没有窍门，就是要反复读，用心读，要把马克思主义原著"厚的读薄，薄的读厚"。② 在他看来，"一本大部头的书，像三卷《资本论》这样的书，拿到手里要先翻读一下，后通读，最后再有重点地精读。这样反复几遍，才能越读越薄。读薄的过程是由浅入深，由表及里，一步步理解其精神实质、掌握内涵精髓的过程。你看《共产党宣言》这么一个小册子，包含这么多真理，只有反复读才能体会得到啊！要把《共产党宣言》越读越厚，每一段每一句都要比照中国历史文化和实际情况来分析。这种读厚的过程，就是紧密联系中国社会具体实践的体会过程，逐步领会伟大理论外延的过程"，"厚的读薄是理论积淀后的升华过程，而薄的读厚则更需要大量实践积累，是还原过程。然后，把这些所学理论用于实践，指导实践，这就是推动社会发展的论证过程"。③

---

① 《马克思恩格斯选集》第 4 卷，人民出版社 2012 年版，第 664 页。
② 参见林晖、史竞男、王思北、徐壮：《习近平的读书故事》，《人民日报》2022 年 4 月 23 日第 4 版。
③ 《习市长指导我"要把马克思主义原著'厚的读薄，薄的读厚'"》，光明网，2022 年 3 月 19 日，https://politics.gmw.cn/2022-03/19/content_35598353.htm。

我们国家正在积极推进马克思主义中国化、时代化、大众化，其中，大众化就是让广大人民群众特别是青少年掌握马克思主义的基本原理和方法，从而更好地认识世界，进而改造世界。我写作本书的目的就是推进马克思主义的大众化，特别是在广大青少年中普及马克思主义思想和方法，让青少年自主学会用马克思主义的思想和方法去解决生活、学习中的烦恼，智慧地成长、成才。需要强调的是，本书写作的初衷是启迪广大青少年学会活学活用马克思主义思想和方法，引起大家的共鸣，而不是填鸭灌输式的教育，如果广大青少年朋友看了本书能有所感悟、引起共鸣，就达到了我创作的目的。

本书用通俗易懂的语言，让读者逐步了解马克思主义思想和方法，是青少年能够读懂，并且可以实际指导生活和学习的读本，是家长和孩子可以一起阅读的作品。中华民族伟大复兴的理想信念要浸润少年心田，马克思主义理论和方法要"入脑"，更要"入心"。广大青少年阅读本书，逐渐对马克思的思想和方法产生了兴趣，就可以进一步研读马克思原著，相信可以有更多收获。

我本人在思想上是比较晚熟的。成为硕士研究生后我才逐渐懂得主动去学习自己喜欢的课程，读博士期间和工作以后才越来越明白自己想成为什么样的人、要做什么样的事业。其中，有两门课是我最喜欢的，一是经济学，二是以马克思主义、毛泽东思想为代表的革命文化课。为什么要学这两门课呢？主要是其中蕴含着认识世界和改造世界的世界观及方法论，说得通俗点儿，就是这些学问能让人变得聪明、让世界变得美好。随着阅历的增加，我越发觉得一个人要成长得好，必须有科学的世界观和方法论指导，马克思、恩格斯的唯物辩证法、政治经济学，以及毛泽东的战略战术思想，提供了很好的人生成长方法。最近10多年，我读了马克思、恩格斯、毛泽东等伟人的很多原著。事实证明，我的选择没有错，阅读经典原著对我的事业发展非常有帮助，不仅让我在红色文化和红色旅游研究方面更加得心应手，而且让我有了更多服务国家战略的机会，直接牵头负责或参与红色文旅、冰雪旅游、乡村旅游以及国家旅游发展规划、国民旅游休闲纲要等众多国家发展战略的制定。阅读红色经典让我更加自信，做事有章可循，学会了创造性解决难题，处理复杂问题更加得心应手，面对工作、生活和学习上的烦恼，不是找借口去逃避、为失败找理由，而是学会想方设法找到更合适的解决方法，我始终坚信"方法总比问题多"。

学习马克思的理论和方法要注意"三结合"。

第一，要将马克思经典理论与方法同中国实践相结合，用马克思主义去分析中国经济社会发展的现象，并且结合中国实际提出自己的解决方法。正如毛泽东1963年在《人的正确思想是从哪里来的？》一文中指出，人的思想正确与否只能在社会实践中才能鉴别，此外再无别的办法。

第二，要将马克思经典理论与方法同中国优秀文化相结合，特别是同中国优秀传统文化、革命文化、社会主义先进文化相结合，不断实现马克思主义的中国化、时代化、大众化。

第三，要将马克思的经典理论与方法同学习、生活中遇到的问题相结合。马克思主义是经典理论，更是方法论，要学会用唯物辩证法分析遇到的问题，积极寻找解决问题的方法，要学习马克思的价值观、世界观和方法论，从马克思的人生经历中汲取成长的智慧。

在马克思主义影响下，青少年要学会主动追求成长，才能越成长越自由，才能让未来的路越走越宽，有能力主动选择职业、生活方式，而不是被某种职业或生活方式裹挟。成长的过程中，会遭遇他人对自己的价值判断，涉及很多客观因素，片面追求成才，往往容易心浮气躁、急功近利。

成长是一个人通过完善自我，不断实现自我突破的过程，是人生价值不断增值的过程。追求成长更强调人的全面发展，循序渐进地成才。对于青少年来说，追求成长就是将"小我"融入"大我"的过程，是学习成为对社会有用的拥有"大爱"的人的过程。

恩格斯说过，我们的理论是一种历史的产物，它在不同的时代具有完全不同的形式，同时具有完全不同的内容，而马克思主义理论在其发展过程中不变的原则正是马克思主义基本原理，这就是时代之问中马克思主义的变与不变，如同一个人，不管长到多大、本领多强，豁达、善良与智慧都是值得追求的品质。学习、掌握马克思主义基本原理，最根本的是坚持和运用马克思主义立场、观点、方法，用马克思主义立场、观点、方法分析问题、解决问题。广大青少年要活学活用马克思主义理论和方法，将马克思主义同身边实际相结合，长大后必能成就一番事业，在中华民族伟大复兴的道路上不掉队、有作为。

第一章
认识马克思:不止一面

从"叛逆青年"到"千年伟人"

  同学们常常被问到一个问题：长大后想成为什么样的人？或者，长大后想做什么职业？有同学说想成为科学家，有同学说想成为飞行员，还有同学说想成为军人，等等。若干年后回过头来看，同学们曾经的设想成为现实了吗？可能答案大多是否定的，我们长大后往往从事不同的职业。儿时的职业目标虽然没有实现，但很多人却不感到遗憾，认为自己成了想成为的人。为什么？因为人的理想是随着时间沉淀和实践深入不断丰富、完善的，只要志存高远，心怀"国之大者"，即使没有实现儿时的梦想也没有关系，只要不断向前，就能不断完善自己的理想。马克思就是在不断实践中，从一个"叛逆青年"和"黑格尔门徒"逐步成长为共产主义革命导师、"千年伟人"。让我们来看看他的成长故事吧。

 红色经典再现

卡尔·马克思（1818—1883），全名是卡尔·海因里希·马克思，1818年5月5日出生于德意志联邦普鲁士王国莱茵省一座具有千年历史的古城特里尔城。马克思的祖辈大多是犹太文化精英，父亲曾经是特里尔城律师协会主席。在良好的文化熏陶下，马克思不负众望，长大后成为伟大的"千年第一思想家"（英国广播公司，1999年）。法国解构主义思想家雅克·德里达曾这样评价马克思："全世界的男男女女们，不论愿意与否，甚至知道与否，他们今天在某种程度上都是马克思和马克思主义的继承人。"[1]

---

[1] Jacques Derrida, *Specters of Marx: The State of the Debt, the Work of Mourning and the New International*, New York: Routledge, 1994, P.91.

少年马克思的偶像是古希腊神话中的"先见之明"普罗米修斯。在神话中，普罗米修斯不仅和雅典娜女神一起共同创造了人类，而且坚决反抗宙斯，将光明的火种带给人类。可以说，普罗米修斯是为人类幸福和解放而受苦的神。马克思的理想是那么崇高而远大，他的人生目标绝不是个人的富足和安逸，而是为整个人类的幸福奋斗，他想成为"人间的普罗米修斯"。正如17岁的马克思在《青年在选择职业时的考虑》一文中所提到，他长大以后所从事的是"最能为人类而工作的职业"。

在青年马克思眼中，"最能为人类而工作的职业"就是探索人类发展的规律，为人类发展指明方向。目睹了以英国为代表的资本主义社会的种种不公平、劳动剥削、阶级压迫、经济危机等问题，在苦苦探索中，马克思终于找到科学社会主义这一解放全人类的理论武器。与基督教、佛教等唯心主义思想不同，马克思探索的科学社会主义理论是建立在辩证的、历史的唯物主义思想基础上的，是引领未来的，是代表广大无产阶级利益的。

当然，马克思成为共产主义伟大导师的路不是一帆风顺的，而是在颠沛流离、居无定所中经历了一番苦苦探索。同很多人一样，中学时代的马克思曾经是一个"叛逆少年"。1835年，马克思从威廉中学毕业，听从父亲的建议，进入波恩大学学习法律。脱离了父亲的管束，马克思一时竟成了"叛逆青年"，养成了酗酒、打架斗殴等不良嗜好。

马克思的父亲及时发现了这种情况，决定让马克思转学到柏林大学学习。在这所新旧思想交融、学术氛围浓厚的大学，马克思开始对哲学产生兴趣，主修哲学，辅修法律，深深地喜欢上学术思考。在柏林大学，青年马克思加入青年黑格尔派的博士俱乐部，成为唯心主义思想家黑格尔的忠实粉丝，在思想上做了"黑格尔的信徒"。在柏林大学，马克思博览群书，涉猎广泛，做笔记、写评语、撰论文、参加辩论等，驾轻就熟。

这一时期的马克思内心是不平静的，那个不服管教、充满战斗精神的马克思开始以批判为武器，思考现有理论的种种缺陷，跟青年黑格尔派的精英论辩成了家常便饭。马克思从青年黑格尔派那里学会了黑格尔的辩证法，这对于他后来创立唯物辩证法至关重要。

1841年3月，读了5年大学的马克思完成了自己的论文《德谟克利特的自然哲学和伊壁鸠鲁的自然哲学的差别》。4月，马克思把这篇论文邮寄给耶拿大学，提交申请并获得博士学位，当时他只有23岁。

1841—1843年底，马克思实现了从唯心主义到唯物主义的第一次思想转变，这始于《莱茵报》的编辑工作，止于在《德法年鉴》上发表论文。1842年，马克思作为《莱茵报》编辑，开始接触英、法社会主义者和共产主义者的著作，尽管他拒绝承认"现有形式的共产主义思想的现实性"，但已认识到共产主义一个无法回避的现实问题。1843年1月，由于《莱茵报》日益激进，普鲁士内阁将其查封。3—9月，马克思开始着手批判黑格尔的法哲学，通过对唯物主义倾向的费尔巴哈的再发现和对欧洲历史的研究，马克思的思想实现了转变。10月，马克思在《德法年鉴》上发表《〈黑格尔法哲学批判〉导言》《论犹太人问题》，他的思想获得升华，开始从唯心主义转向唯物主义，从革命的资产阶级民主主义转向哲学共产主义。

1845年1月，马克思被法国政府从巴黎驱逐出境，2月，他来到比利时布鲁塞尔，其间，他继续自己的政治经济学研究。9月，马克思和恩格斯开始合著《德意志意识形态》。1846年8月，他们意识到这部著作已无法出版，于是停止创作。尽管如此，这部著作系统地阐释了历史唯物主义原理，标志着一种新的哲学——历史唯物主义的诞生。后来，马克思回忆说："既然我们已经达到了我们的主要目的——自己弄清问题，我们就情愿让原稿留给老鼠的牙齿去批判了。"[①]

[①] 《马克思恩格斯选集》第2卷，人民出版社1995年版，第34页。

在探寻真理的过程中，马克思逐渐意识到不仅要通过哲学理论解释世界，更要改变世界。但是，改变世界的过程注定不可能是一帆风顺的。1846年，马克思和恩格斯在布鲁塞尔的德国流亡者中建立了共产主义通讯委员会。当时只有英国工人阶级相对成熟，其他国家工人阶级由于受工业革命影响较小，人数不多，因此欧洲民众对马克思学说缺乏热情。直到1847年7月，马克思创作《哲学的贫困》，批判了法国社会主义者中影响最大的蒲鲁东的《贫困的哲学》，马克思历史唯物主义思想才得到极大传播。

1846年11月，德国共产主义者成立的正义者同盟在伦敦召开第一次大会，他们逐渐认识到共产主义理论对于同盟发展的重要性，马克思学说逐渐占据上风。第一次大会期间，正义者同盟更名为"共产主义者同盟"，并将同盟口号由"四海之内皆兄弟"改为"全世界无产者，联合起来"。特别是11月27日，共产主义者同盟邀请马克思参加第二次大会，并且委托他创作同盟党纲——《共产党宣言》（1848年2月）。从此，马克思主义正式走上了历史舞台。

在此后的伟大事业中，除了马克思主义哲学，马克思先后开创了剩余价值理论、科学社会主义理论等学说，逐步从"叛逆青年"成长为"千年伟人"。

如果我们选择了最能为人类而工作的职业，那么，重担就不能把我们压倒，因为这是为大家作出的牺牲；那时我们所享受的就不是可怜的、有限的、自私的乐趣，我们的幸福将属于千百万人，我们的事业将悄然无声地存在下去，但是它会永远发挥作用，而面对我们的骨灰，高尚的人们将洒下热泪。

——马克思《青年在选择职业时的考虑》，1835年

同学们如何去做

第一,努力成为中华民族伟大复兴事业的积极参与者,而不仅仅是旁观者。这就要求同学们有家国情怀,大到为中国现代化作出贡献,小到为班级、为学校、为社区积极出力,而不是只为自己的富足、安乐着想。正如马克思所说,人们只有为同时代人的完美、为他们的幸福而工作,才能使自己也达到完美。如果一个人只为自己劳动,他也许能够在某个领域小有成就,但永远不可能成为伟人。

第二,要持之以恒,不急于求成,要在实践中不断寻找成长的目标和方向,并为之努力奋斗。从马克思的成长历程可以看出,人是在社会实践中逐渐形成自己的人生目标的,人生目标不是一朝一夕形成的,需要时间的沉淀和实践的探索,这就需要同学们保持战略定力。也许同学们曾短暂地迷茫过、荒废过,没关系,只要对生活、对世界保持热情,保有好奇心,在生活、学习以及未来的工作中不断磨炼自己,终会找到人生的理想和事业。

第三,要善于从伟人的成长历程中找到自己不断成长的钥匙。国内外伟人的著作、故事、精神等蕴含着方方面面的智慧,我们不用自己耗费时间去实践就能学到,是多么幸运啊!同学们既要学习西方的经典,又要掌握中国的经典,更要学习马克思、恩格斯以及毛泽东等伟人的红色经典,学习他们的世界观和方法论,更好地发现、探索世界,为将来改造世界做好准备。

从"站在巨人肩膀上"到"成为巨人"

英国科学家牛顿曾说过:"如果说我看得比别人更远些,那是因为我站在巨人的肩膀上。"他认为,没有先辈的成就,就没有他的成就。人类文明浩如烟海,古代先贤创造了无数文明成果,涉及哲学、文学、政治、历史、物理、化学、数学、医学等上百门学科。中国明朝编纂的《永乐大典》就有 3.7 亿字 11095 册,汇集图书七八千种。《马克思恩格斯全集》中文版到 1983 年已出版 50 卷,约 3200 万字,涉及哲学、政治学、经济学、人类学、数学等多个门类。同学们要在哲学上学有所得,就应该先学习马克思的唯物主义辩证法、中国传统哲学以及西方唯心主义哲学,要在政治经济学上形成自己的观点,就要先看看英国古典政治经济学以及马克思主义政治经济学是怎么分析经济问题的。只有吸收人类已有的学术成果,才能站在前人的肩膀上不断超越前人,并创造出更符合当下实际的学说,成果可以是文学著作、经济学理论、政治智慧,也可以是治病救人的药物、探索浩瀚星空的高智能机器等。

红色经典再现

19世纪40年代，马克思、恩格斯开创了马克思主义理论体系，德国、英国、法国三国是该理论的发源地。恩格斯曾经谦虚地把马克思称为"天才"，而认为自己"至多是能手"。恩格斯认为，马克思是马克思主义理论体系的主要贡献者，构成共产主义世界观、科学社会主义核心的基本原理绝大部分是由马克思确立和阐发的，而他自己只创设了很小的部分。

马克思就是站在巨人的肩膀上成为巨人的典型代表。马克思主义理论绝不是马克思不作任何努力，整日空想出来的，而是马克思在批判和继承人类一切优秀文明学说的基础上创设的，是开放的发展的理论，不是封闭的故步自封的理论。

马克思主义理论的三个主要部分均有历史渊源。1913年俄国革命家列宁写的《马克思主义的三个来源和三个组成部分》一文阐述了马克思主义的主要来源。列宁认为，马克思主义的三个组成部分是哲学、政治经济学和科学社会主义，与此相应，德国古典哲学、英国古典政治经济学和法国空想社会主义学说是马克思学说的三个来源。下面就来看看马克思主义三个主要部分的来源。

先看哲学。有人将哲学称为"科学的科学"，因为哲学是揭示整个世界发展一般规律的科学，教给人们认识世界、改造世界的方法论。马克思创立马克思主义哲学，其实就是推动了一场哲学的革命，辩证唯物主义和历史唯物主义学说广泛影响世界，从此，人类看问题的方法改变了。马克思批判地继承和发展了德国古典哲学，特别是黑格尔的辩证法，创立了辩证唯物主义，并且批判了黑格尔关于世界中存在的万事万物是绝对精神自我发展过程产物的唯心主义思想，但他并没有全盘否定黑格尔，而是吸收了黑格尔辩证法的思想，指出反映永恒发展的物质的人类认识是相对的。后来，镭、电子、元素转化等自然科学发展证实了马克思的辩证唯物主义。在此基础上，马克思批判了费尔巴哈的旧唯物主义，把唯物主义对自然界的认识推广到对人类社会的认识，创立了历史唯物主义，指出历史事件发生的根本原因是物质的丰富程度，物质生活的生产方式决定社会生活、政治生活和精神生活的一般过程。

再看政治经济学。马克思主义政治经济学是在批判和继承英国古典政治经济学的基础上形成的。马克思认为，经济基础决定上层建筑，经济制度是政治上层建筑的基础。《资本论》就是专门研究现代资本主义社会经济运行制度的，是马克思主义政治经济学的核心著作。马克思从1843年秋天去到巴黎后开始研究政治经济学，到1883年去世，历时40年，研究仍然没有完成。

19世纪三四十年代，英国实现了工业革命，以瓦特蒸汽机为代表的技术革命推动英国机械制造业机械化的完成，大规模生产成了现实，这为马克思从事经济学研究提供了丰富的现实土壤。以亚当·斯密、大卫·李嘉图为代表的英国古典政治经济学家奠定了劳动价值论的基础，马克思继承他们的事业，创立劳动二重性学说，创造了剩余价值理论，使劳动价值论成为科学。剩余价值理论是马克思政治经济学的基石。马克思认为，任何一个商品的价值，都是由生产这个商品所消耗的社会必要劳动时间的数量决定的。在资本主义社会，工人用一部分劳动时间来维持自身和家庭生活开支（工资），而另一部分工作时间里，工人无报酬地劳动，为资本家创造剩余价值。这就是利润的来源，也是资产阶级财富的来源。马克思就是这样在英国古典政治经济学的基础上，考察资本主义的发展规律。

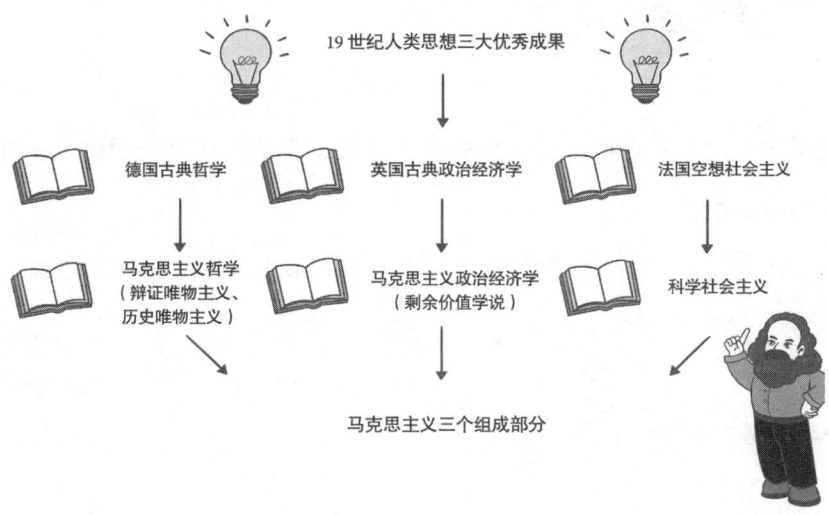

最后看科学社会主义。科学社会主义学说是在法国空想社会主义学说的基础上创立的。如果说1848年发表的《共产党宣言》标志着科学社会主义的诞生，那么1867年发表的《资本论》（第一卷）和1875年创作的《哥达纲领批判》则表明科学社会主义理论原理基本完成。当西方从封建农奴制度进入资本主义社会时，压迫与剥削劳动者成为一种普遍现象，由此出现各种反对这类压迫的空想社会主义学说，这些学说批判资本主义制度，但并不能认清资本主义的本质和发展规律，也不能找到可以成为新社会创造者的社会力量。

在此基础上，马克思和恩格斯联合批判地继承19世纪三大空想社会主义者——法国的圣西门、傅立叶和英国的欧文的思想成果，发展了阶级斗争学说，提出阶级斗争是全部发展进程的基础和动力，找到了无产阶级这个能够成为新社会创造者的社会力量，创立了唯物史观和剩余价值论，从而使社会主义从空想变为科学。

在科学上没有平坦的大道，只有不畏劳苦沿着陡峭山路攀登的人，才有希望达到光辉的顶点。

——马克思《资本论》第一卷法文版序言和跋，1872年

第一，志存高远，才能目光如炬。要有站在金字塔尖的决心，通常一个人的眼界决定了他看问题的方式和高度。唐朝诗人王之涣《登鹳雀楼》中有句诗，"欲穷千里目，更上一层楼"，登高才能看得更远。"千里之行，始于足下"，既

要登高望远，又要脚踏实地，从身边做起，先从小团队中脱颖而出，逐渐成长为对社会有大贡献的人。

第二，要养成阅读经典的好习惯。经典是经过时间洗礼和实践考验流传下来的，古典的不一定都是经典的，阅读经典可以让同学们少走弯路。一本经典是作者花费大量时间来完成的，其中蕴藏着许多智慧，马克思的《共产党宣言》《资本论》等就是经典。榜样的力量是无穷的，同学们要将那些闪耀在人类发展历史上的人物作为人生导师，多读伟人传记，将他们的经典著作作为阅读材料，他们作为历史巨人，留下的文化遗产是同学们攀登知识高峰的坚强后盾。

第三，阅读经典，但不迷信经典。经典著作是在一定历史条件下形成的智慧结晶，也有其局限性和不确定性，比如，100年前的真理放在今天可能就行不通了。要学会用历史眼光看待经典，具体问题具体分析，通过将经典与身边鲜活的人、事物，所处的时代，以及中国、世界正在发生的事联系起来，形成自己的看法。

从"独行快"到"众行远"

拉丁美洲有一句谚语:"独行快,众行远。"通俗地说,就是一个人可以走得快,而一群人能够走得远。意思是,一个人单独行动,没有负担,可能走得很快;一群人共同行动,可以出谋划策、互相帮助、共克艰难,会走得更远。中国古代也有很多类似的谚语,比如"人心齐,泰山移""二人同心,其利断金""众人拾柴火焰高""一花不成春,独木不成林"等。现在常讲的"朋友多了路好走",说的也是团结就是力量的道理。有的同学喜欢当"独行侠",觉得一个人做事简单,不用与别人沟通,也不用受别人牵连,自己只要把事做好就行了。真是这样吗?同学们想一想,如果事业上没有志同道合的合作伙伴,靠单打独斗,自己走得远吗?

红色经典再现

说起马克思的事业同行者,第一个想到的肯定就是恩格斯了,列宁曾经这样称赞马克思和恩格斯崇高的革命友谊:"他们的关系超过了古人关于人类友谊的一切最动人的传说。"[1]

马克思和恩格斯的友谊,经历了从冷淡到热烈的转变。青年时代,马克思和恩格斯都是独行者,马克思博士毕业后从事报纸编辑出版工作,恩格斯在父亲要求下从事商业活动,但两人都对社会科学充满了热爱。

1842年11月,马克思和恩格斯第一次见面。当时,马克思作为《莱茵报》主编见到了要去曼彻斯特经商的恩格斯,两人这次见面并没有碰撞出火花,马克思对恩格斯态度冷淡,甚至可以说不太友好。据恩格斯回忆:"11月底我赴英国途中又一次顺路到编辑部去时,遇见了马克思,这就是我们十分冷淡的初次会面。马克思当时正在反对鲍威尔兄弟,……因为当时我同鲍威尔兄弟有书信来往,所以被视为他们的盟友,并且由于他们的缘故,当时对马克思抱怀疑态度。"[2]

时间飞逝,一年多很快过去了,马克思和恩格斯在思想上都有了巨大变化,理念更加贴近,他们都完成了从唯心主义向唯物主义和共产主义的转变。

1844年8月28日,恩格斯在回德国途中经过巴黎,主动约马克思相见。交谈中他们发现彼此之间在一切理论领域中都显出意见完全一致,二人相见恨晚,在一起交流了10天,并决定共同写一部作品来批判青年黑格尔学派,《神圣家族》

---

[1] 《列宁专题文集(论马克思主义)》,人民出版社2009年版,第58页。
[2] 《马克思恩格斯全集》第39卷,人民出版社1974年版,第452—453页。

就这样诞生了。这部著作批判了青年黑格尔派的主观唯心主义思想，初步阐释了唯物史观的一系列重要思想。

马克思和恩格斯是在才华上相互吸引、生活中相互帮助、事业上相互成就的典范。尽管恩格斯很谦虚地表示马克思是马克思主义的主要贡献者，但是，对于恩格斯对社会主义理论和运动的贡献，马克思也给予了极高的评价。马克思这样描述他的朋友："他是一部真正的百科全书，不管在白天还是黑夜，不管头脑清醒还是喝醉酒，在任何时候他都能够工作，写作和思索起来像鬼一样快"[1]。

自从1844年他们建立革命友谊后，两人共同开展研究，共同进行革命斗争，共同创立科学社会主义学说，共同领导全世界工人运动。除了《神圣家族》，两人还合作完成了《德意志意识形态》《共产党宣言》等。马克思去世后，恩格斯花费12年时间对《资本论》第二卷和第三卷进行细致的润色和编纂，促使这部剖析资本主义经济运行规律的鸿篇巨著问世。做出了如此卓越的工作，他却并未在书上署名。

马克思是精神上的富足者、生活中的贫困者。他平时生活非常拮据，常常饿肚子，由于没有固定工作，再加上政府对他的迫害，仅依靠微薄的稿费并不能维持正常生活。对于当时的贫穷境况，马克思曾写信给恩格斯诉说："我的妻子病了，小燕妮病了，琳蘅患一种神经热。医生，我过去不能请，现在也不能请，因为我没有买药的钱。八至十天以来，家里吃的是面包和土豆，今天是否能够弄到这些，还成问题。"[2] 饥饿、贫困、家务琐事时时困扰着马克思，令他无法全身心投入政治经济学研究。恩格斯将马克思的困难视作自己的困难，常常寄钱给马克思，让他安心写作。

---

[1] 《马克思恩格斯全集》第50卷，人民出版社2016年版，第425页。
[2] 《马克思恩格斯全集》第28卷，人民出版社1973年版，第126页。

从"独行快"到"众行远" 023

除了经济资助，恩格斯对马克思的思想也产生了决定性的影响。正是恩格斯1843年底给马克思编辑的《德法年鉴》寄去的文章《国民经济学批判大纲》，引导马克思从哲学研究转向政治经济学研究，并创作出伟大的《资本论》。1883年，马克思逝世后，恩格斯极力提升马克思主义在世界的影响力，他的《反杜林论》详述了马克思主义理论体系，推动马克思主义成为系统性学说、世界性思想，很多人就是通过恩格斯的著作了解到马克思主义的。

为了支持马克思的事业，恩格斯甘愿当"第二提琴手"，这充分彰显了恩格斯的高尚人格、他与马克思的伟大友谊，以及他为共产主义事业牺牲个人名利的崇高境界。恩格斯才华横溢，除了跟马克思合作的 3 部伟大著作之外，他还独立创作了《政治经济学批判大纲》《英国工人阶级状况》《反杜林论》《家庭、私有制和国家的起源》《路德维希·费尔巴哈和德国古典哲学的终结》等伟大著作，这些著作都闪耀着智慧的光芒。为了成就马克思和他们共同的共产主义事业，恩格斯作出了巨大的牺牲。面对恩格斯的巨大牺牲，马克思常常感到不安："坦白地向你说，我的良心经常像被梦魇压着一样感到沉重，因为你主要是为了我才把你的卓越才能浪费在经商上面，使之荒废，而且还要分担我的一切琐碎的苦恼。"[①]

其实，马克思的事业同行者还有很多，卢格、魏德迈、鲍威尔、海涅、李卜克内西、威廉·沃尔弗……都是当时知名的思想家、无产阶级活动家。除了恩格斯，不得不提的是威廉·沃尔弗。马克思在《资本论》（第一卷）扉页上写道："献给我的难以忘怀的朋友 勇敢的忠诚的高尚的无产阶级先锋战士威廉·沃尔弗"。马克思将最重要的著作献给威廉·沃尔弗，可见他们的友谊多么深厚。为什么要写威廉·沃尔弗的名字？1864 年 6 月，威廉·沃尔弗死后，他的朋友遵嘱将他省吃俭用节省下来的 1000 多英镑留给了马克思一家，帮助马克思顺利完成《资本论》的写作，此举深刻地体现了无产阶级革命家之间的无私友谊。

让我们用一段话来致敬马克思和恩格斯以及革命战友们的伟大友谊吧。1883 年 3 月 17 日，恩格斯在英国伦敦海格特公墓安葬马克思时发表《在马克思墓前的讲话》，恩格斯深情地说："在整个欧洲和美洲，从西伯利亚矿井到加利福尼亚，千百万革命战友无不对他表示尊敬、爱戴和悼念，而我可以大胆地说：他可能有过许多敌人，但未必有一个私敌。他的英名和事业将永垂不朽！"[②]

[①] 《马克思恩格斯文集》第 10 卷，人民出版社 2009 年版，第 256 页。
[②] 《马克思恩格斯文集》第 3 卷，人民出版社 2009 年版，第 602—603 页。

从"独行快"到"众行远"

经典语录

没有对抗就没有进步,这是文明直到今天所遵循的规律。到目前为止,生产力就是由于这种阶级对抗的规律而发展起来的。

——马克思《哲学的贫困》,1847 年

 同学们如何去做

第一，友谊是建立在共同的价值追求基础上的，要正确理解什么是真正的友谊。真正的友谊，经得起时间的考验，耐得住实践的磨炼。真正的友谊在我们因失败而垂头丧气时给予鼓舞，在我们手忙脚乱时给予支持，在我们感到困惑时给予及时的倾听和交流。在事业上相互扶持，在情感上相互交流，在生活中相互帮助，这样的友谊才是真正的友谊。

第二，在生活和学习中找到更多志同道合的朋友。英国心理学家菲奥娜·默登在《镜映思维：人在社会中的自我形成》中说，一个人一生中平均会遇见8万人，每个人都会对别人产生影响，而别人也会对你产生影响。虽然一生中会遇到许多人，但是真正能够成为志同道合朋友的却很少。中国有句古话"近朱者赤，近墨者黑"，正向的志同道合可以体现在学术研究上，比如共同在数学、物理、化学等领域攀登高峰，也可以体现为音乐、体育、美术等共同的兴趣爱好。正能量的朋友圈可以督促个人不断进步，负能量的朋友圈往往臭味相投，可能充斥拜金主义、享乐主义、利己主义，容易使人意志消沉、不思进取，最终无法实现持续成长的目标。

第三，珍惜友谊。友谊不仅是学业、事业顺利时的结伴同行，更是遇到困难时心往一处想、劲往一处使的风雨同行。友谊就是"严以律己，宽以待人"，设身处地为朋友着想。

第一章

从"天才理论家"到"伟大实践家"

有些同学喜欢发表言论,对一些事情侃侃而谈,遇到问题第一时间给出自己的解决方法,但方法往往"文不对题",不能有效解决问题;有些同学当班长、小组长等,知识比较丰富,但是在带领小团队完成任务时常常遭遇失败。原因是这些同学学到的知识、掌握的理论与实际脱节,加上经验有限,往往生搬硬套理论来寻找解决问题的方法。如何避免理论与实践脱节,避免纸上谈兵呢?

红色经典再现

马克思是一位天才理论家,他撰写的《共产党宣言》《资本论》《德意志意识形态》,揭示了社会主义的前途、资本主义的运行规律和人类社会的发展规律,他创立了科学社会主义、马克思主义哲学和马克思主义政治经济学三大理论。

马克思从小就在内心埋下了"改变世界"的种子,17岁时就立志选择"最能为人类而工作的职业",梦想为人类发展指明前进的方向,进而不断在理论上实现突破。

马克思没有"纸上谈兵",在他眼中,只在理论上创新是远远不够的,残酷的现实很早就给青年马克思上了一课:只有深入实践才能改变世界,也才能创造不断完善的真理。正如他在《关于费尔巴哈的提纲》中所说,"哲学家们只是用不同的方式解释世界,而问题在于改变世界"①。

马克思不仅持续创造着科学理论,而且在领导国际共产主义运动的社会实践中不断检验和修正着已有的理论,让理论不断完善。1845年,马克思在《关于费尔巴哈的提纲》中提出了检验真理的标准问题:"人的思维是否具有客观的[gegenständliche]真理性,这不是一个理论的问题,而是一个实践的问题。人应该在实践中证明自己思维的真理性,即自己思维的现实性和力量,自己思维的此岸性。"②

实践不仅是检验真理的标准,而且是唯一的标准。毛泽东在《新民主主义论》中指出:"真理只有一个,而究竟谁发现了真理,不依靠主观的夸张,而依靠客观的实践。只有千百万人民的革命实践,才是检验真理的尺度。"③

马克思的伟大实践与思想同样熠熠生辉,让我们记住马克思的这些伟大实践吧。无论是1843年筹办《德法年鉴》、1848年创办《新莱茵报》,还是作为巴黎《前进报》、《德意志-布鲁塞尔报》、《纽约每日论坛报》的撰稿人,马克思以报刊为阵地,以笔为武器,借助文字在世界宣传社会主义思想,推动"全世界无产者,联合起来"。无论在法国巴黎、比利时布鲁塞尔还是在德国科隆、英国伦敦,马克思在资产阶级和当地政府的一次次驱逐中,没有放弃科学研究和领导国

---

① 《马克思恩格斯文集》第1卷,人民出版社2009年版,第506页。
② 《马克思恩格斯文集》第1卷,人民出版社2009年版,第503—504页。
③ 《毛泽东选集》第二卷,人民出版社1991年版,第663页。

际共产主义运动。1864年，马克思参与创立国际工人协会（第一国际），作为协会的灵魂人物，他为国际工人协会制定了纲领性文献《国际工人协会成立宣言》《国际工人协会共同章程》，推动建立了世界工人阶级的统一战线。八小时工作制是1866年9月根据马克思的倡议在日内瓦召开的国际工人代表大会上提出的，在1919年10月被国际劳工会议承认，这是马克思为全世界劳动人民作出的杰出贡献。

在中国历史上，有许多关于理论与实践脱节的典故。如"纸上谈兵"这个词，来源于《史记·廉颇蔺相如列传》，原指赵括熟读兵书却不能灵活运用，后比喻空谈理论，不能解决实际问题，也比喻空谈不能成为现实。

很多人之所以只会纸上谈兵，就是因为不了解实际情况，理论脱离实际，看待事物或现象只能靠主观主义或者经验主义。在中国共产党成立早期，王明、博古、李德等共产国际代表在指导中国革命斗争时多次犯了教条主义、经验主义错误，就是他们不了解中国实际、喜欢纸上谈兵造成的。

以毛泽东为代表的中国老一辈共产党人就是通过理论联系实际来解决问题的高手，他们是通过在干中学、在学中干成长起来的，并最终创立了马克思主义中国化的理论。中国老一辈共产党人在领导中国革命的实践中，逐渐学会如何开展游击战争、如何发动群众、如何做调查研究、如何建立新型军队、如何建立统一战线、如何建立红色政权等，就是干中学的杰出代表。他们在总结自己的打仗经验时认为：过去我们都不会打仗，也没有准备上山打游击。但是敌人要抓我们，杀我们，我们被迫上山打仗。但如何打还是不会，从来没有学过。我们向蒋介石学，向敌人学，打了10年。后来日本人打进来，我们又跟日本人学打仗。他们这一辈子就是在打仗中过的，一共打了20多年，从没有打仗的决心到有打仗的决心，从不会打仗到学会打仗。同时，他们还注重在学中干，通过广泛阅读马克思、恩格斯、列宁等经典西方著作以及学习中外优秀战法，不断带领中国革命取得胜利。

要正确地看待干与学的关系,也就是实践与认知的关系,两者是相辅相成、相互促进的。在中国老一辈革命家眼中,读书是学习,使用也是学习,而且是更加重要的学习。从战争中学习战争,是中国老一辈共产党人的方法。没有机会进学校,仍然可以学习战争,即从战争中学习。革命战争是民众的事,常常不是先学好了再干,而是干起来再学习,干就是学习。

俗话说"刀在石上磨,人在事上练"。中国老一辈革命家也是在革命实践中经风雨、见世面、长本领的,并且最终成为中国共产党的领路人。

在干中学,不能盲目干,要有大体的框架,然后勇敢去尝试,通过发挥主观能动性,在实践中学习,提升本领。干中学就是通过发挥人的主动性,让主、客观实际尽量相符,推动事情顺利进展。就像毛泽东在《实践论》中所说,"人们要想得到工作的胜利即得到预想的结果,一定要使自己的思想合于客观外界的规律性,如果不合,就会在实践中失败。人们经过失败之后,也就从失败取得教训,改正自己的思想使之适合于外界的规律性,人们就能变失败为胜利"[1]。

在学中干,关键是要把学习的知识、积累的智慧转化为实际的工作、社会实践,方法就是通过学习,把感性认识上升为理性认识,进而指导社会实践。世界上怕就怕"认真"二字,通过把学到的知识总结、上升到理论的高度,就能更好地指导社会实践,从而推动事情向着成功发展。

---

[1] 《毛泽东选集》第一卷,人民出版社 1991 年版,第 284 页。

 经典语录

人的思维是否具有客观的 [gegenständliche] 真理性，这不是一个理论的问题，而是一个实践的问题。人应该在实践中证明自己思维的真理性，即自己思维的现实性和力量，自己思维的此岸性。

——马克思《关于费尔巴哈的提纲》，1845 年

 同学们如何去做

其一，要坚持问题导向，学会正确的调查方法，具体问题具体分析。列出完成某次社会实践活动需要解决的主要问题和次要问题，明确某次调查需要完成的目标。然后，借助合适的调查方法，确定解决问题的方法。方法都是为调查服务的，无论是开几个人参与的座谈会，还是一对一交流，或者采用网络问答、电话问答等方式，目的只有一个，就是全面、深入了解参与群体的真实想法、切实关注，然后想办法来满足他们的需要。

其二，要将"干中学、学中干"作为生活和学习的信念。习近平总书记强调，实践出真知，实践长真才。坚持在干中学、学中干是领导干部成长成才的必由之路。这番话不仅对成年人很有帮助，对同学们也非常有用。同学们要努力学习，积极参与社会实践，坚持在干中学、学中干，边学边干，边干边学，将社会实践与书本学习结合起来，就能不断取得进步。

其三，在执行"干中学、学中干"的过程中，要有理论指导。这就要求同学

们不仅学习马克思主义的立场、方法和观点，而且要切实学好用好这套理论。实践证明，马克思主义的立场、方法和观点是可以让一个人、一个政党、一个国家强大起来，并且不断进步和发展的理论基础。这不是填鸭式的思想灌输，而是有助于同学们成长、成才的理论武器。多读红色经典原著，就能不断增强自身的理论水平。

其四，要像重视学习一样重视社会实践，只有这样才能真正实现"干"与"学"的有机统一。从身边的小事做起，做社会实践的积极参与者。同学们如果对一件事感兴趣，比如唱歌、画画，一定要抓紧去实践，不要怕比别人起步晚，"干中学"什么时候都来得及。不要仅仅沉浸在学习书本知识中，而要通过尝试承担不同的社会角色，通过创新创造来小范围地提升某些人的幸福感，做到知行合一，从而在将来创造更大的社会价值。

第二章
重读经典：认识世界的显微镜

人类社会发展规律藏在让老鼠牙齿批判的书中

真理是客观事物及其规律在人的头脑中的正确反映,"真理往往掌握在少数人手中"这句话经常被毛泽东引用,成为红色经典。真理或者先进的事物在一开始往往是被反对的。真理或者先进的事物要取代落后的事物,落后者的利益格局被打破必然遭致阻碍,这是规律使然。如果落后者人数众多,先进者人数稀少,那不管大多数人怎样反对,真理只能掌握在少数人手中。在马克思唯物史观创立以前,人类社会发展规律还是一个未解之谜,直到马克思和恩格斯合作完成《德意志意识形态》,才向世界明确说明了人类社会发展的动力和规律,说明了共产主义社会为什么会取代资本主义社会。

红色经典再现

伟大的人物常常是孤独的，其创作的伟大作品往往经历数十年甚至上百年才被世人所知晓、所理解。马克思和恩格斯合作的《德意志意识形态》就是这样一部伟大作品，它创作于1845—1846年，第一次系统阐释了唯物史观的基本原理，标志着唯物史观的创立。尽管马克思、恩格斯努力出版这部作品，但是这部作品因其超前性、革命性而受到各方势力的打压，直到两人去世都未能出版。直到1932年，这部作品才由苏联共产党中央马克思列宁主义研究院发表德文全文，这时距离完稿已经86年了。

在马克思、恩格斯眼中，《德意志意识形态》既然已经达到弄清问题这个目的，也就"情愿让原稿留给老鼠的牙齿去批判了"，他们生前就不再纠结于是否出版了。

马克思成为"千年第一思想家"，他的两位伟大的导师功不可没。其中一位是黑格尔，教会了马克思辩证法；另一位是费尔巴哈，教会了马克思唯物主义。两位导师都有局限性。黑格尔是唯心主义者，认为意识决定物质；费尔巴哈是机械唯物主义者，忽视人的实践作用。马克思创造性地将辩证法和唯物主义结合起来，发现了辩证唯物主义，创立了唯物史观。

如果说1845年春天马克思写的《关于费尔巴哈的提纲》是表明新世界观萌芽的第一份文献，提出"人的本质是一切社会关系的总和""哲学家们只是用不同的方式解释世界，而问题在于改变世界"等著名论断，那么其1845年秋天开始写作的《德意志意识形态》则是唯物史观这个新世界观诞生的标志。在《德意志意识形态》中，马克思、恩格斯第一次使用生产关系概念，系统阐述唯物史观的基本原理，提出了社会存在决定社会意识、生产方式在社会生活中起决定作用、生产关系必须适合生产力的发展等观点，标志着马克思主义哲学的成熟。

《德意志意识形态》共分两卷。第一卷"对费尔巴哈、布·鲍威尔和施蒂纳所代表的现代德国哲学的批判"，其中第一章"费尔巴哈。唯物主义观点和唯心主义观点的对立"，阐述了唯物主义历史观的一系列重要原理，第二、三章分别批判了布·鲍威尔和施蒂纳；第二卷"对各式各样先知所代表的德国社会主义的批判"，现在保存下来的只有第一、四、五章，分别批判泽米希、马特伊、格律因、库尔曼等人的观点。

《德意志意识形态》的问世，标志着马克思发现了人类社会发展的动力和规律。生产力和生产关系的矛盾、经济基础和上层建筑的矛盾成为人类社会发展的基本矛盾和双重动力，推动人类社会不断前进。生产力决定生产关系，生产关系要适应生产力的发展；生产关系是生产力发展的形式，生产关系会反作用于生产力。经济基础决定上层建筑（政治上层建筑和思想上层建筑），上层建筑反作用于经济基础，上层建筑反作用的性质取决于它所服务的经济基础的性质，归根到底取决于它是否有利于生产力的发展。

在马克思眼中，生产力指人们征服自然、改造自然的能力，简单地说：生产力＝劳动者＋生产工具＋劳动对象。生产关系指人们在物质资料的生产过程中形成的社会关系，是生产方式的社会形式，包括生产资料所有制的形式、人们在生产中的地位和相互关系、产品分配的形式等，其中，生产资料所有制的形式是最基本的，起决定作用。马克思曾这样形容生产力决定生产关系：手工磨产生的是封建主为首的社会，蒸汽磨产生的是工业资本家为首的社会。

马克思主义者把人类社会形态分为原始社会、奴隶社会、封建社会、资本主义社会、共产主义社会（社会主义是其初级阶段）五种，人类社会的历史归根结底是由生产力和生产关系构成的生产方式依次更替的历史。

经济基础是指由社会一定发展阶段的生产力决定的生产关系的总和，在概念上，经济基础就是经济关系。上层建筑是建立在经济基础之上的意识形态以及与其相适应的制度、组织和设施，包括政治上层建筑和观念上层建筑。政治上层建筑在阶级社会指政治法律制度和设施，主要包括军队、警察、法庭、监狱、政府机构和政党、社会集团等，其中，国家政权是核心；观念上层建筑又称思想上层建筑，包括政治法律思想、伦理道德、宗教、文学艺术、哲学等意识形态。

马克思在1859年的《〈政治经济学批判〉序言》中，对经济基础和上层建筑作了精辟的表述："人们在自己生活的社会生产中发生一定的、必然的、不以他们的意志为转移的关系，即同他们的物质生产力的一定发展阶段相适合的生产关系。这些生产关系的总和构成社会的经济结构，即有法律的和政治的上层建筑竖立其上并有一定的社会意识形式与之相适应的现实基础。"[①]

经济基础与上层建筑的矛盾，是与生产力和生产关系这对矛盾密切联系的、推动人类社会历史发展的又一对基本矛盾。经济基础决定上层建筑，有什么样的经济基础，迟早会有什么样的上层建筑，在阶级社会中，上层建筑是为广大利益集团服务的。

人类社会历史发展的最终决定力量是生产力，生产力只有通过作为经济基础的生产关系才能对社会的政治法律制度和意识形态起决定作用。

---

① 《马克思恩格斯文集》第2卷，人民出版社2009年版，第591页。

经典语录

在共产主义社会高级阶段，在迫使个人奴隶般地服从分工的情形已经消失，从而脑力劳动和体力劳动的对立也随之消失之后；在劳动已经不仅仅是谋生的手段，而且本身成了生活的第一需要之后；在随着个人的全面发展，生产力也增长起来，而集体财富的一切源泉都充分涌流之后，——只有在那个时候，才能完全超出资产阶级权利的狭隘眼界，社会才能在自己的旗帜上写上：各尽所能，按需分配！

——马克思《哥达纲领批判》，1875年

同学们如何去做

其一，我们要学习马克思胸怀天下、忧国忧民的情怀。虽然人的寿命是有限的，但是人的眼光可以是无限的，马克思从大历史的视角分析人类社会发展规律，透过现象发现本质，正如宋代范仲淹《岳阳楼记》中所说，"先天下之忧而忧，后天下之乐而乐"。只有关心天下事，具有宏大的视野，才有可能成为天下需要的人。

其二，要学会用科学理论指导实践，进而给出具体的解决方法。马克思之所以能准确分析人类社会发展的动力和规律，就是因为有别于借助主观臆想、神秘力量等非科学方法，而用唯物史观的方法分析事物发展规律，并给出具体的解决方法。同学们要将马克思主义哲学的方法应用到学习和生活中，学会用科学理论指导行动。

其三，要学会构建自己的知识体系，掌握处理问题的独特方法，形成自己的风格和方式。在当今社会，如果一个人的知识体系局限于常规的历史、音乐、美术等方面，就不容易脱颖而出，处理问题往往就缺乏创新性。同学们如果注重建构自己独特的知识体系，比如精通中国古代文化，或者谙熟科技知识，或者熟读红色文化，个人独特的气质就能逐步建立起来，在处理问题上就能形成自己的风格和方式。

第二章

《共产党宣言》既是宣言书，又是播种机

  同学们经常在报刊上或者网络上看到对《共产党宣言》的介绍，分析它的伟大、它的影响力，有的同学可能不以为然，认为写作于1848年的《共产党宣言》那么"老"了，于是对它所描绘的共产主义社会持怀疑态度，认为其中的思想、观点过时了。真的像这部分同学所想的那样吗？《共产党宣言》是什么理论？为什么它问世170多年还那么有吸引力？它是不是离同学们的生活很遥远？

《共产党宣言》是为了回答时代之问、人类文明之问而生的，它既是无产阶级与资产阶级斗争的战斗宣言书，又是共产主义思想的信仰播种机，给世界带来了美好未来的光明前景。

为了给当时的无产阶级斗争提供理论依据，让广大无产阶级看到胜利的曙光，马克思、恩格斯受共产主义者同盟第二次代表大会委托，决定写一篇充满战斗精神的檄文，作为国际工人运动的纲领。他们于1847年底开始起草《共产党宣言》，于1848年2月发表，《共产党宣言》是马克思主义与国际工人运动相结合的产物，标志着马克思主义的诞生，这在人类思想史上是开天辟地的里程碑事件。

《共产党宣言》是在无产阶级斗争前途十分迷茫的背景下产生的，就如开头所说："一个幽灵，共产主义的幽灵，在欧洲游荡。"[1] 这个"幽灵"就是当时无产

---

[1] 《马克思恩格斯选集》第1卷，人民出版社2012年版，第399页。

阶级斗争的恶劣社会环境的写照。在正面意义上，它却是人类解放的"精灵"，即将为人类带来光明和希望。当时，英国刚完成工业革命，世界进入资本主义时间，资产阶级、封建君主正在对无产阶级进行疯狂镇压，经济危机、资本家残酷压榨工人等社会问题突出。

《共产党宣言》的诞生也是一波三折，在实践中不断斗争、探索，数易其稿才完成。为摒弃共产主义同盟（前身是正义者同盟）中陈旧的密谋式传统和形式，恩格斯除了把同盟的口号从"人人皆兄弟"变为"全世界无产者，联合起来"，还先后以问答的形式独自起草了《共产主义信条草案》《共产主义原理》作为同盟的纲领。然而，恩格斯对于自己起草的纲领并不满意，邀请马克思对纲领进行修改。1847年12月至1848年底，马克思、恩格斯共同完成德文版《共产党宣言》，标志着世界上第一个无产阶级政党纲领的正式诞生。

《共产党宣言》是科学社会主义的经典，是马克思主义的纲领性文件。《共产党宣言》阐述了科学社会主义的一般原理，明确划清了科学社会主义与其他社会主义流派的界限，包括唯物史观、阶级斗争理论、无产阶级专政理论、资本主义发展规律等理论。同时，《共产党宣言》提出著名的"两个必然"重要思想，即资产阶级灭亡和无产阶级胜利是必然的，或者不可避免的，认为无产阶级是资产阶级的"掘墓人"。

《共产党宣言》的诞生让世界无产阶级斗争有了科学的理论武器，推动全世界工人运动此起彼伏，正如其结尾写道："全世界无产者，联合起来！"[①]1998年，当代法国马克思主义者弗·拉扎尔夫人在纪念《共产党宣言》发表150周年的演讲中，作过一个形象的比喻："《共产党宣言》不是一般的书，它不是冰，而是炭，放在锅里能使水沸腾起来。"

---

① 《马克思恩格斯选集》第1卷，人民出版社2012年版，第435页。

学习《共产党宣言》，既要学习其中的科学理论，又要学习其与时俱进的特质，更要学习其具体问题具体分析的态度。《共产党宣言》中蕴含的马克思主义基本原理是马克思主义中一以贯之的，在当今中国社会仍然可行。正如马克思和恩格斯在《1872年德文版序言》中所说，"不管最近25年来的情况发生了多大的变化，这个《宣言》中所阐述的一般原理整个说来直到现在还是完全正确的。某些地方本来可以作一些修改。这些原理的实际运用，正如《宣言》中所说的，随时随地都要以当时的历史条件为转移"[1]。

随着经济社会的发展，马克思、恩格斯通过撰写序言不断修订《共产党宣言》中原有的一些不合时宜的表达。比如，他们在《1883年德文版序言》中改变之前将一切社会的历史都看作阶级斗争历史的观点，而认为原始社会不存在阶级和阶级斗争。

1899年开始，《共产党宣言》中的一些思想在中国传播。1920年，由陈望道翻译的中文版《共产党宣言》在上海出版，从此，中国共产主义事业有了理论依凭。上海、湖南、北京等共产主义小组中的革命家开始受《共产党宣言》影响，走上革命道路，并最终建立了中华人民共和国。

经典语录

过去的一切运动都是少数人的，或者为少数人谋利益的运动。无产阶级的运动是绝大多数人的，为绝大多数人谋利益的独立的运动。

——马克思、恩格斯《共产党宣言》，1848年

---

[1] 《马克思恩格斯文集》第2卷，人民出版社2009年版，第5页。

同学们如何去做

其一，要懂得，任何组织或者团体想发展壮大，必须有理论指导。学习《共产党宣言》，要学习其中的理论，更要学习其带给国际工人运动的影响，学习其对于中国共产党领导中国革命走向胜利的决定性意义。正因为有《共产党宣言》这个强大的理论武器，中国共产党才领导人民建立了中华人民共和国，形成了一系列马克思主义中国化的理论。理论是行动的先导，有无科学理论指导决定了事业的成败。同学们在校园生活中，要学着用马克思主义基本原理来指导实践。

其二，要学习《共产党宣言》中的马克思主义基本原理，这些理论对于认识当今世界具有重要的指导作用。《共产党宣言》语言鲜活，内涵深刻，理论深厚，既说明了当时社会面临的突出问题，给出的解决方法又具有可操作性，同时还包含着人用以理解世界、改造世界的思想，是青少年成才成长的重要法宝。

其三，要将《共产党宣言》中的基本理论与日常生活、学习联系起来，活学活用，作为理解世界进而改造世界的一把钥匙。

第二章

《资本论》揭露资本主义社会运行本质

　　《资本论》是马克思极为厚重的著作，它的问世，不仅让人们有了理解资本主义社会运行的钥匙，揭穿了资本家那些借以获取剩余价值的伪善谎言，其中的辩证唯物主义方法更能让同学们试着分析资本主义社会各种现象背后的成因，从而坚定资本主义必定走向灭亡、中国特色社会主义必定走向胜利的信念。同学们，让我们一起来看看《资本论》中的伟大智慧。

红色经典再现

1867年9月14日，历经20余年的刻苦探索，被誉为"工人阶级的圣经"的《资本论》第一卷终于在德国汉堡首次公开发行。这标志着马克思一生中第二个伟大发现——剩余价值理论的问世。从此，资本家剥削工人的秘密被揭开，国际共产主义运动有了强大的理论武器。

问题导向是马克思创立马克思主义政治经济学的起点。19世纪40年代，在《莱茵报》工作时，为了弄清物质问题的实质，马克思发现单纯依靠法律无法获得解答，必须从经济角度深入现实社会，于是开始了政治经济学研究。为了彻底揭示资本主义社会运行的规律，马克思以英国为研究对象，准备写作一部名为《政治经济学批判》的著作。为此，马克思广泛阅读资料，同时构建自己的理论框架，厘清核心问题，在19世纪五六十年代先后创作了"三大手稿"，分别是《1857—1858年经济学手稿》《1861—1863年经济学手稿》《1863—1865年经济学手稿》，为正式写作奠定了坚实的基础。

随着研究的深入，马克思决定将书名《政治经济学批判》改为《资本论》，以"政治经济学批判"为副标题。这里的"批判"是指对亚当·斯密、大卫·李嘉图等古典经济学家的批判，批判他们隐藏了工人和资本家的阶级关系，隐藏了剩余价值产生的秘密。在亚当·斯密看来，社会分工使财富增长，使普遍富裕成为可能，而马克思观察到的社会现实却不是这样的，现实中，工人无论付出多么大的努力，顶多只能维持基本的生活，根本谈不上富裕。19世纪40年代，很多工人每天工作18个小时以上，工作环境极其恶劣。

在马克思眼中，工厂创造了那么多财富，工人那么努力工作却只分到维持生活的少许财富，资本家则不费力气拿走了大部分利润，根本原因是资本家占据了生产资料的所有权，工人除了自己的劳动力，一无所有，只能出卖自己的劳动力，这是人与人之间的阶级关系造成的。

资本能够支配资本主义社会的劳动力市场顺畅运行，是因为资本构建了一种社会权力，与政治权力中的警察、法院等暴力机构的权利不同，资本作为社会权力，让人们自发、自愿陷入雇用与被雇用的关系。

有了"抽象力"，其他皆可能。

用"显微镜"还是"解剖刀"分析资本主义生产方式呢？

为了揭示资本主义社会运行的规律，特别是揭露剩余价值产生的秘密，马克思采用当时英国工厂流行的轮班倒的工作方式，白天在大英博物馆查资料，夜里写作。1865年12月底，马克思终于完成《资本论》第一卷的初稿。为了完成这部伟大著作，马克思差点儿送了性命。他在1867年4月给齐格弗里德·迈耶尔的信中说："我为什么不给您回信呢？因为我一直在坟墓的边缘徘徊。因此，我不得不利用我还能工作的每时每刻来完成我的著作，为了它，我已经牺牲了我的健康、幸福和家庭。"[①] 贫穷和病痛没有打倒马克思，靠的就是他中学时就立志为人类幸福而工作的崇高理想。

《资本论》包括三卷，约230万字。第一卷讲述资本的生产过程，阐释了剩余价值的生产问题；第二卷讲述资本的流通过程，揭示了剩余价值的实现问题；第三卷讲述资本主义生产的总过程，分析了剩余价值的分配问题。其中，第一卷是马克思自己完成的，在马克思去世后，恩格斯根据马克思的手稿编辑完成了第二、三卷。另外，马克思本来设想的《资本论》第四卷"剩余价值理论史"没来得及完成。

在辩证唯物主义方法指导下，《资本论》从商品范畴切入，在阶级范畴结束，既揭示了资本主义运行的规律，也反映了人类社会从原始社会、奴隶社会、封建社会、资本主义社会到共产主义社会演进的自然过程，并指出，这是由人类社会的基本矛盾——生产力和生产关系、经济基础和上层建筑的关系决定的。

在马克思看来，剩余价值是资本主义生产的唯一目的和动机，是资本主义生产的实质。资本主义社会中，生产资料的私有制和社会化大生产的矛盾构成了社会的基本矛盾。从历史演进趋势看，仅凭资本主义制度，难以克服资本主义的矛盾，资本主义社会必将随着生产社会化的进一步发展不断爆发经济危机，进而走向灭亡，共产主义社会开始出现，那时候生产资料私有制消失了，劳动力受资本家支配的异化现象没有了，人实现了自由而全面的发展。

在资本主义国家，掌握国家命运的是大资本家或者政治人物背后的大财团，国家首脑及其政府部门只是大资本家群体的代言人，看看美国总统每次选举要花费的数亿美元都是由大企业或者大财团捐赠，就知道美国总统获胜后要为谁服务

[①] 《马克思恩格斯文集》第10卷，人民出版社2009年版，第253页。

了。大资本家通过支持政治人物上台,从而支持自己的企业继续获取剩余价值。在社会主义国家,领导群体是由无产阶级组成,因此是广大人民群众的代言人。

经典语录

资本家害怕没有利润和利润太少,就像自然界害怕真空一样。一旦有适当的利润,资本家就胆大起来。如果有10%的利润,他就保证到处被使用;有20%的利润,他就活跃起来;有50%利润,他就铤而走险;为了100%的利润,他就敢践踏一切人间法律;有了300%的利润,他就敢犯任何罪行,甚至冒绞首的危险。如果动乱和纷争能带来利润,它就会鼓励动乱和纷争,走私和贩卖奴隶就是明证。

——马克思《资本论》

同学们如何去做

其一,要做顺应历史发展规律的事,努力成为时代的弄潮儿。同学们要想成就一番事业,必定要做顺应时代潮流和世界趋势的事。比如,在当今世界,智能机器人帮助承担人类的很多工作是大趋势,在选择职业时就要考虑选择不容易被取代的工作,而将其他的简单劳动交给人工智能去完成。

其二,要久久为功、持续发力,要主动作为,以不间断的新突破寻求从量变到质变。正如《资本论》历时20多年才完成,同学们要做成一件大事,必须作长远打算,做好遭遇困难的准备,脚踏实地走好每一步。

其三，要学会抓住事物的本质，将现有的理论活学活用，转变为自己解决问题的方式。马克思就是在亚当·斯密、大卫·李嘉图等人的劳动价值论基础上提出劳动二重性理论，进而创立剩余价值理论，才有了"第二个伟大发现"。同学们要学会站在巨人的肩膀上，学习前人的研究成果，同时又积极创新，不局限于现有的理论。

第三章
追问真理：读懂马克思主义

第三章

1

马克思主义过时了吗？

有的同学们常常在不同场合听说马克思主义，可能就认为马克思主义是一成不变的真理，事事都以马克思主义作为根据，写文章、说话都先讲马克思怎么说，将马克思主义当作万能理论；也有的同学对马克思主义不以为然，认为这套诞生于近200年前的理论过时了，不符合现代社会，要找现代西方理论作为行动指南。应该如何对待马克思主义呢？

红色经典再现

对待马克思学说要有科学的态度。马克思主义为我们认识世界、改造世界提供了强大的思想武器。恩格斯在谈到马克思学说的价值时指出："马克思的整个世界观不是教义，而是方法。它提供的不是现成的教条，而是进一步研究的出发点和供这种研究使用的方法。"

马克思主义过时了吗？

世界上没有永恒的真理，只有相对的真理。马克思认为，任何原理都是一定历史时期的生产力、生产方式和人与人之间关系的产物，随着历史条件的变换，人对社会认识的原理也相应地发生改变，所以，超越时空的永恒真理是不存在的。但是，马克思提供给人类分析问题、解决问题的方法，真真切切给了我们理解世界的一把钥匙。

马克思主义的方法是多样的，对于认识世界、改造世界具有重要意义。社会基本矛盾分析法、阶级斗争分析法、规律分析法（对立统一规律、质量互变规律、否定之否定规律）、具体问题具体分析法、实事求是法等都是应用性很强的方法，可以为现代人分析问题、解决问题提供思想武器。

马克思、恩格斯十分痛恨教条主义，马克思主义就是在跟自称永久不变真理的理论的斗争中产生的。无论是1847年马克思批判蒲鲁东把永恒真理作为历史出发点的唯心主义理论，还是1870年恩格斯对杜林形而上学永恒真理的批判，都表明他们对于真理教条化、绝对化的反对。

马克思主义是实践的理论，它是行动指南，是认识世界和改造世界的方法，不是教条，是随着时代发展不断丰富和完善的。马克思说，全部社会生活在本质上是实践的。真理是随着实践不断向前的，正所谓"实践是检验真理的唯一标准"，没有永恒真理，只有将理论与实践相结合才能创造出属于特定时代的真理。

马克思学说诞生于欧洲，为什么在英国、德国甚至美国没有成功，而在苏联、中国却成功了呢？关键在于欧洲以及美国没有将马克思主义与本国实际相结合，没有用科学理论将无产阶级政党武装起来，自己尚未理解马克思主义是什么就强行给工人阶级灌输，注定会失败。列宁曾评价，马克思和恩格斯在谈到英美社会主义运动时，特别尖锐地批评它脱离了工人运动。

中国革命历史上也曾经犯过多次教条主义错误，将马克思主义同中国实践相脱离，差点儿葬送中国革命的前途，好在及时修正了。土地革命时期，共产国际对中国革命过度指导，特别是党内很多人犯了"左"倾冒险主义错误，导致以王明为代表的很多人不顾中国实际不断采取激进军事行动，让中国革命遭受了巨大损失，并在第五次反"围剿"失败后，不得不开始艰苦卓绝的二万五千里长征。以毛泽东为代表的中国共产党人提出"真理往往掌握在少数人手中"的论断，及时修正教条主义错误，最终开辟了农村包围城市、武装夺取政权的正确道路。

马克思主义在中国焕发青春，就在于中国积极推进马克思主义中国化、时代化、大众化，推动马克思主义从理论到实践，再从实践上升为理论，在实践中不断探索人类发展的规律。

从中国当前现实看，马克思主义的基本原理仍然具有真理性。习近平总书记在纪念马克思诞辰200周年大会上的讲话中说："两个世纪过去了，人类社会发生了巨大而深刻的变化，但马克思的名字依然在世界各地受到人们的尊敬，马克思的学说依然闪烁着耀眼的真理光芒！"[①] 虽然没有绝对真理，但是在中华民族伟大复兴的伟大进程中，马克思主义的基本原理和方法依然是我们分析问题、解决问题的遵循。

经典语录

共产党人的理论原理，决不是以这个或那个世界改革家所发明或发现的思想、原则为根据的。

这些原理不过是现存的阶级斗争、我们眼前的历史运动的真实关系的一般表述。

——马克思、恩格斯《共产党宣言》，1848年

同学们如何去做

其一，要主动学习马克思主义的世界观和方法论，立志成为少年马克思专家。马克思主义主要包括哲学、政治经济学、科学社会主义，这些理论包含了认识世界、改造世界的方法。同学们可以先读一些通俗读物来了解马克思主义，再进一步选读马克思、恩格斯原著，以及马克思主义中国化的著作，从而对马克思主义有更多的了解。

其二，要深入思考马克思主义中国化。马克思主义中国化产生了很多宝贵的

---

① 习近平：《在纪念马克思诞辰200周年大会上的讲话》，《人民日报》2018年5月5日。

理论和思想，对于同学们理解中国、理解世界都很有帮助。比如，毛泽东为什么提出反对"本本主义"？"枪杆子里面出政权"是在什么背景下提出的？为什么说"星星之火，可以燎原"？"农村包围城市、武装夺取政权"符不符合马克思主义学说？回答好这些问题，就能对马克思主义中国化有更深刻的领悟。

其三，要将马克思主义的方法同生活、学习中遇到的问题结合起来。比如，学习矛盾运动理论，处理生活中的主要矛盾和次要矛盾，合理安排学业；学习质量互换规律，尝试让坏事向好事转变；学习否定之否定规律，不断提升班级凝聚力；等等。

第三章 2

马克思主义如何从空想走向科学？

同学们生活在当今繁荣富强的中国，衣食无忧，节假日还能出去旅游，足不出户就能买到世界各地的商品，可是，中华人民共和国成立以前，老百姓大多忍饥挨饿，更不要说有闲钱出去旅游了。为什么经过短短几十年，中国就变得富裕又强大了呢？原因就是中国共产党掌握了科学的社会主义理论，在实践中形成了具有中国特色的发展道路。同学们可能会疑惑，社会主义思想不是天生正确的吗？社会主义思想只有一种吗？

红色经典再现

科学社会主义思想的确立，就是马克思主义从空想走向科学的过程，马克思主义就是从理论到实践，再从实践到理论，不断丰富和完善的。

科学社会主义的诞生是以 1848 年 2 月世界上第一个无产阶级政党共产主义者同盟的党纲《共产党宣言》发表为标志的。《共产党宣言》中的唯物史观和剩余价值学说使社会主义理论由空想变为科学。从此，伟大的无产阶级解放斗争有了思想武器，世界工人运动也翻开了新的篇章。

社会主义作为一种思潮，是在漫长的历史中形成的。社会主义从一开始就是以资本主义私有制的对立面出现的，对以公有制为主要特征的社会主义的最初想象产生于16世纪，代表人物是托马斯·莫尔的《乌托邦》，不过当时还没有社会主义的提法。经过300年发展，到19世纪初，法国的圣西门创造"社会主义"一词，他是空想社会主义的创始人。空想社会主义，字面直译为乌托邦社会主义，日本人将乌托邦社会主义译为空想社会主义，该词在清末民初传入中国，并沿用至今。

在19世纪的欧洲资本主义社会，存在大量社会问题。比如，资本家残酷剥削工人，恨不得工人一天工作24个小时，根本没有八小时工作制，工人只是资本家赚钱的工具；比如，经济危机经常爆发，一边是大量过剩的牛奶被倾倒至河中，一边是大量穷人没有饭吃的怪诞现象时有发生。资本主义的种种罪恶不断激化以工人为代表的无产阶级和以大资本家为代表的资产阶级之间的矛盾。

在科学社会主义诞生以前，以圣西门、傅立叶和欧文为代表的空想社会主义者深刻揭露了资本主义的罪恶，对未来的理想社会提出许多美妙的设想，力图建立一个"人人平等，个个幸福"的理想社会，但是因为不懂得阶级斗争理论，没有认识到无产阶级的历史使命，所以无法提出实际可操作的实现路径。

因为思想的不彻底性，空想社会主义在现实面前失败了，经不起实践的检验。空想社会主义者只看到资本主义必然灭亡的命运，而未能揭示资本主义必然灭亡的根源。空想社会主义者企图消灭资本主义，却看不到消灭资本主义的无产阶级的力量。马克思正是在深入19世纪无产阶级运动的基础上，继承和发展空想社会主义思想，通过唯物史观和剩余价值理论，发现资本主义走向共产主义的道路。

科学社会主义是在斗争中产生的,是经过实践检验的。空想社会主义与科学社会主义的较量是共产主义道路选择的较量。如果空想社会主义胜利,国际共产主义运动必定走向脱离实践的"解释世界"的理论方向;相反,如果科学社会主义思想胜利,国际共产主义运动就会迈向"改变世界"的实践方向,进而引导共产主义运动从纯粹的书本理论走向切切实实的人间,正如马克思所说:"哲学家们只是用不同的方式解释世界,而问题在于改变世界。"所幸,科学共产主义战胜了空想社会主义,就像恩格斯在《社会主义从空想到科学的发展》中所指出,以圣西门、傅立叶和欧文等为代表的空想社会主义者,只是在表层揭露了资本主义的弊端,并没有一个实现人类解放的共产主义的切实可行的计划,因而是空想的,不是科学的。

在科学社会主义创立之初,马克思并没有把自己的思想主张称为"科学社会主义",而是称为"共产主义",主要原因是1847年所谓的"社会主义者"主要是两种人:一种是以英国欧文派和法国傅立叶派为代表的空想社会主义者,另一种是主张用各种"灵丹妙药"和补救措施维护资本主义统治的"社会庸医"。为了同这两种社会主义流派相区别,也为了强调无产阶级的革命是不同于以往的彻底的社会革命,马克思将科学社会主义称为"共产主义"。19世纪70年代以后,在科学社会主义逐渐被世界范围内大多数工人阶级接受之后,马克思开始把自己的思想主张称为"科学社会主义"。

马克思提出的唯物史观和剩余价值理论使社会主义从空想变成了科学。马克思找到了工人阶级这个推进社会变革的力量,并且指出,只有工人阶级实行无产阶级革命并建立无产阶级专政,才能使劳动人民摆脱资本家的奴役,进而推动人类社会从必然王国走向自由王国。

经典语录

共产主义并不剥夺任何人占有社会产品的权力，它只剥夺利用这种占有去奴役他人劳动的权力。

——马克思、恩格斯《共产党宣言》，1848 年

同学们如何去做

不用努力了，"人人平等，个个幸福"的乌托邦社会总有一天会到来的。

幸福是靠革命争取来的！

其一，坚定共产主义信念，做好新时代中国特色社会主义事业的支持者、参与者和接班人。科学社会主义不是无中生有的，而是在继承世界优秀文化和思想

的基础上形成的，是经过实践检验的。了解了科学社会主义形成的时代背景和发展历史，就懂得我们的事业是多么崇高，未来是多么光明。

其二，要杜绝空想，养成实干的品质。正所谓"千里之行，始于足下"，同学们要少一些侃侃而谈，杜绝说大话、吹牛，学会通过制定切实可行的方案来解决生活、学习中遇到的问题。任何人做事都不能脱离自己所处的社会环境，知道自己的优势和劣势，并采取切实可行的举措，方能知己知彼，百战百胜。

其三，要根据现实情况，按照事物发展的客观规律做事。做任何事情，学会发现规律或者窍门，就能事半功倍。不能没有规划、不加思索地盲目行动。

第三章 3

马克思主义是马克思一个人的思想吗？

同学们常常从报刊上看到将马克思主义同中国具体实际相结合，不断推进马克思主义中国化的说法，可以说，马克思主义是指导我国经济社会发展的基本思想。马克思主义如此重要，我们就应该弄清它的来龙去脉。马克思主义是怎么来的？它是马克思一个人的思想吗？

红色经典再现

马克思主义是马克思主义理论体系的简称，是由马克思、恩格斯创立的，以马克思的名字命名的，关于自然、社会和思维发展的普遍规律的学说，是关于无产阶级和人类解放的学说，是指导全世界无产阶级发展的世界观和方法论。自从1848年马克思主义正式诞生，它就逐渐成为世界无产阶级运动的指南。

既然马克思主义是马克思、恩格斯共同创立的，那么为什么只以马克思的名字命名呢？对此，恩格斯曾在1886年作过说明："我不能否认，我和马克思共同工作40年，在这以前和这个期间，我在一定程度上独立地参加了这一理论的创立，特别是对这一理论的阐发。但是，绝大部分基本指导思想（特别是在经济和历史领域内），尤其是对这些指导思想的最后的明确的表述，都是属于马克思的。我所提供的，马克思没有我也能够做到，至多有几个专门的领域除外。至于马克思所做到的，我却做不到。马克思比我们大家都站得高些，看得远些，观察得多些和快些。马克思是天才，我们至多是能手。没有马克思，我们的理论远不会是现在这个样子。所以，这个理论用他的名字命名是理所当然的。"[1]

马克思主义思想并不是一开始就得到认可的，而是在斗争中逐渐确立其在无产阶级工人运动中的领导地位。"马克思主义"一词在马克思在世时已经出现，但还未成为主流。19世纪70年代，各种空想社会主义学说和思潮盛行，给社会造成了极大混乱，马克思的反对者为了反对马克思、恩格斯的学说，率先提出"马克思主义"。对此，马克思、恩格斯进行了坚决的斗争，先后展开对青年黑格尔派、蒲鲁东主义、巴枯宁主义、杜林主义等的批判，为马克思主义学说正名。

1883年马克思逝世后，马克思主义因理论的彻底性和真理性而得到越来越多人的拥护，并逐渐成为工人运动的理论纲领。德国社会民主主义活动家卡尔·考茨基率先从积极层面阐述"马克思主义"的内涵。1886年，恩格斯在《路德维希·费尔巴哈和德国古典哲学的终结》一文中肯定并诠释了"马克思主义"。正如列宁所说，到19世纪90年代，马克思主义已经绝对地战胜了工人运动中的其他一切意识形态，马克思主义正式成为世界工人运动的主流学说。

随后，马克思主义学说在世界范围内得到极大发展和广泛传播，不仅在它的起源地欧洲，更在亚洲、美洲、非洲等得到发展。马克思主义的内涵越来越丰富，不仅是狭义的内涵，还有广义的内涵。狭义上，马克思主义是指马克思、恩

---

[1] 《马克思恩格斯选集》第4卷，人民出版社1995年版，第248页。

格斯创立的基本理论、基本观点和学说；广义上，马克思主义不仅包括基本理论，而且包括继承者对它的传承和发扬，以及在实践中不断创新的马克思主义。

说到马克思主义在世界的发展，不得不提两个国家：苏联和中国。在苏联，以列宁为代表的无产阶级领导者丰富和发展了马克思主义，在实践上，实现无产阶级专政在一个国家落地，在理论上，提出帝国主义论，实现对欧美资本主义发展新阶段的认识，发现苏维埃政权是无产阶级专政最好的国家形式，并对无产阶级政党和领导权等问题进行了系统阐述。在中国，马克思得到极大的传承和发展，中国共产党人将马克思主义基本原理同中国具体实际相结合，丰富和发展了中国化的马克思主义，先后产生毛泽东思想、邓小平理论、"三个代表"重要思想、科学发展观、习近平新时代中国特色社会主义思想等重大理论成果。

马克思和恩格斯强调，"我们的学说不是教条，而是行动的指南"。进入新时代，中国必将成为马克思主义最坚定的拥护者、支持者、发展者和实践者。马克思主义是与时俱进的学说，是不断发展、日益完善的理论。马克思主义认为，结论和公式不是一成不变的，不是教条主义的亘古不变的真理，必须具体问题具体分析，中国化的马克思主义将通过实践为世界作出更多贡献。

经典语录

批判的武器当然不能代替武器的批判，物质力量只能用物质力量来摧毁；但是理论一经掌握群众，也会变成物质力量。理论只要说服人，就能掌握群众；而理论只要彻底，就能说服人。

——马克思《〈黑格尔法哲学批判〉导言》，1843年

同学们如何去做

其一，要搞清楚马克思主义的内涵和发展历程。马克思主义绝不是轻轻松松得来的，而是经过艰难的智慧探索和你死我活的斗争得来的。它是以马克思、恩格斯为代表的无产阶级革命者的创新，并在中国、苏联、古巴、越南等国家发展和传承，它的发展主体是全世界无产阶级革命者，而不是狭隘的个别人。同学们进一步探索马克思主义发展史会有更多新发现，马克思主义如同一个人一样，经历了从婴儿到成年的过程。

其二，要理解马克思主义在中国为什么行。马克思主义之所以在中国发展得如此好，归根到底是因为它行，不仅能够解决民生问题，更成为中华民族走向伟大复兴的指导方针。马克思主义基本原理同中国具体实际相结合，让中国特色社会主义思想绽放出耀眼光芒。要理解中国，必须首先理解马克思主义同中国具体实际相结合形成的毛泽东思想、邓小平理论、"三个代表"重要思想、科学发展观、习近平新时代中国特色社会主义思想。

其三，要学会活学活用马克思主义方法。马克思主义不是教条，而是解决问题的方法。同学们在生活和学习中碰到的难题，都可以通过学习马克思主义方法来解决，毛泽东的"十个手指弹钢琴"、矛盾论、实践论、社会调查方法、党委会的领导方法等都是化用马克思主义的解决问题的好方法。

第三章 4

马克思主义最根本的世界观和方法论是什么？

有的同学渴望将来有所作为，但禁不住游戏、网络的诱惑，做不好自我管理，荒废了大好青春，进而陷入前途迷茫的境况。有的同学想成就一番事业，但是苦于找不到正确的方法来解决遇到的难题，时间久了，慢慢丧失斗志。很多人觉得辩证唯物主义和历史唯物主义在革命战争年代管用，在当今社会未必管用，这个观点对吗？现在的青少年是否要学辩证唯物主义和历史唯物主义呢？

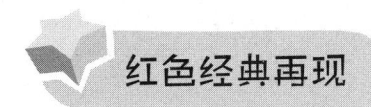

红色经典再现

辩证唯物主义和历史唯物主义就是马克思主义哲学，是马克思主义最根本的世界观和方法论。辩证唯物主义和历史唯物主义以自然界、人类社会和思维发展最一般规律为研究对象，是科学的世界观，又是认识论和方法论，是人类认识世界和改造世界的方法。

很多人会有疑问，辩证唯物主义和历史唯物主义，两者是一回事吗？学术界有两种观点：一种观点认为两者是整体和部分的关系，辩证唯物主义是一个总的系统，适用于一切领域，包括三方面内容，即自然辩证法、认识论的辩证法、历史辩证法（历史唯物主义），历史唯物主义是辩证唯物主义在社会历史领域的推广和运用；另一种观点认为辩证唯物主义和历史唯物主义都是包含"历史元素"的世界观，两者是辩证统一的，历史唯物主义不是把辩证唯物主义"推广和应用"于历史领域而形成的历史观，而是总体的世界观。大多数学者同意辩证唯物主义和历史唯物主义意思相近，都是马克思主义哲学的代名词。

恩格斯晚年在总结马克思的伟大功绩时，将唯物史观和剩余价值学说看作马克思的"两个伟大发现"，唯物史观就是历史唯物主义。如果说1845年春天创作的《关于费尔巴哈的提纲》是马克思世界观的萌芽，那么，1845年秋天至1846年5月马克思和恩格斯合著的《德意志意识形态》标志着唯物史观的问世。《关于费尔巴哈的提纲》完稿，标志着马克思同唯心主义和旧唯物主义划清界限，为创立新世界观奠定了基础。《德意志意识形态》批判了各式各样的唯心主义学说，系统提出了历史唯物主义的基本原理，认为社会存在决定社会意识、生产方式在社会生活中起决定作用、生产关系必须适合生产力的发展。

在马克思主义中国化的过程中，中国人最熟悉的莫过于唯物辩证法。唯物辩证法是马克思主义哲学的重要组成部分，是研究联系和发展基本规律的方法。唯物辩证法包括对立统一规律（也称矛盾规律）、质量互变规律和否定之否定规律三大规律，以及现象与本质、原因与结果、必然与偶然、可能与现实、形式与内容等一系列基本范畴。其中，对立统一规律是三大规律的核心，其基本内涵可大致概括为矛盾的三对特性四大理论：矛盾的同一性与斗争性；矛盾的普遍性与特殊性；矛盾的不平衡性，也就是主要矛盾与次要矛盾，矛盾的主要方面与次要方面。毛泽东在《矛盾论》中对这一规律作了中国化的系统分析。

以《实践论》《矛盾论》为代表的经典著作就是马克思主义哲学中国化的典型代表。1937年4月，刚刚率领红军结束二万五千里长征的毛泽东在抗日军政大学开始了思想的长征，受邀讲授新哲学，为此，他亲自撰写了数万字的《辩证法唯物论（讲授提纲）》，每星期二、四上午授课，每次4个小时，共讲了3个多月，授课110多个小时。

毛泽东的新哲学课通俗易懂，课堂上笑声不断，他常常用亲身经历把复杂的哲学问题讲得活灵活现，听课的人都不觉得累，反而认为是一种精神享受。工人、农民、士兵听了毛泽东的新哲学课不以为深，学者、文人听了不以为浅。辩证法唯物论从思想上武装了一代又一代中国人，推动他们在革命、建设事业中大展拳脚。

马克思说过，理论只要说服人，就能掌握群众；而理论只要彻底，就能说服人。所谓"彻底"，就是抓住事物的根本。恩格斯认为，蔑视辩证法是不能不受惩罚的。实践已经证明，马克思主义哲学中国化的唯物辩证法不是束之高阁的深奥理论，而是指导中国革命和建设的强有力的科学方法。

当代年轻人常常感到"本领恐慌"，其实就是对理论水平的恐慌，不会活学活用辩证唯物主义和历史唯物主义方法论，面对新情况、新问题，不知道如何运用理论去解决。党中央不断倡导我们重新研读《实践论》《矛盾论》等经典著作，就是要提升年轻人的思辨能力，在实践中学会分析矛盾、解决矛盾，善于找准重点，发现事物的发展规律。

经典语录

无论哪一个社会形态，在它所能容纳的全部生产力发挥出来以前，是决不会灭亡的；而新的更高的生产关系，在它的物质存在条件在旧社会的胎胞里成熟以前，是决不会出现的。

——马克思《〈政治经济学批判〉序言》，1859 年

同学们如何去做

其一，同学们要坚信辩证唯物主义和历史唯物主义仍然是当今社会观察世界、判断形势、认识问题的基本方法。正如习近平总书记指出，辩证唯物主义是中国共产党人的世界观和方法论，"要学习掌握唯物辩证法的根本方法，不断增强辩证思维能力，提高驾驭复杂局面、处理复杂问题的本领"[1]。

其二，要学习马克思、恩格斯、列宁等关于辩证唯物主义和历史唯物主义的经典理论，将这些理论与唯心主义进行对比，分析两者之间的区别，从而真正弄懂马克思主义为什么行。

其三，要学会灵活运用辩证唯物主义和历史唯物主义，将其应用到生活、学习中，帮助自己和家人、同学认识现象、解决问题。知识改变命运，要多学习、

---

[1] 《坚持运用辩证唯物主义世界观方法论 提高解决我国改革发展基本问题本领》，《人民日报》2015 年 1 月 25 日。

领悟马克思原著，其中的很多案例是在原则性和灵活性并存的前提下解决实际问题的，在当今社会依然具有很强的借鉴价值。

下篇
越成长越自由

引子

为什么人越成长越自由？

同学们在学习、生活中可能会面对经济压力、生活烦恼，或者发展困境，于是，"诗和远方"成了假期的寄托，通过旅游放松身心，甚至梦想将来在桃花源里无忧无虑地生活，长长久久。人真的能摆脱现实中的各种束缚，实现自由全面发展吗？马克思的答案是肯定的，通过共产主义社会，就能实现人的自由全面发展，这是人类历史发展规律决定的。有的同学可能认为，共产主义社会那么遥远，当前实现人的自由全面发展是不可能的，还是不要痴心妄想了。这样的观点对吗？马克思关于人的全面自由发展的理论是什么样的？同学们应该如何实现自由全面的发展？

实现个人全面自由的发展，是马克思理论体系的核心。1894年，有人让恩格斯说出最能代表马克思主义思想的一段话，他毫不犹豫地选择了《共产党宣言》中的段落："代替那存在着阶级和阶级对立的资产阶级旧社会的，将是这样一个联合体，在那里，每个人的自由发展是一切人的自由发展的条件。"[①]

马克思看到当时资本主义社会中人的异化的种种现实，劳动者不能自由自在地劳动，往往身不由己，劳动只是一种谋生手段，劳动者的成果不能完全自己占有，只获得维持生计的少部分，而剩余部分被占有生产资料的资本家、企业主获得。于是，26岁的马克思在《1844年经济学哲学手稿》中首次提出"新型的人"即全面发展的人的设想，后来又在《德意志意识形态》《1857—1858年经济学手稿》《资本论》等著作中进一步阐释人的全面发展理论，从而揭示人类社会从资本主义必然过渡到共产主义的历史趋势。在《资本论》中，马克思描绘共产主义是以每个人的全面而自由的发展为基本原则的社会形式。

马克思主义思想的出发点是人，追求人的自由、平等与全面发展是马克思一生的追求。在他眼中，资本主义不是没有解放生产力，而是没有解放人。资本主义对于发展生产力作出了重大贡献，正如《共产党宣言》中所说，"资产阶级在它的不到一百年的阶级统治中所创造的生产力，比过去一切世代创造的全部生产力还要多，还要大"[②]。与此同时，资本主义生产力大发展非但没有解放人，却造成越来越严重的劳动异化，人很难实现自由全面的发展。

马克思心中人的全面发展的本质是什么？那就是人作为解放了的人，以一种全面的方式，实现多方面的发展。马克思认为，首先，人的本质是自由自觉的活动，即实践活动，最集中的表现是劳动，表现为人的活动和能力的全面发展。"在共产主义社会里，任何人都没有特殊的活动范围，

[①] 《马克思恩格斯文集》第2卷，人民出版社2009年版，第53页。
[②] 《马克思恩格斯文集》第2卷，人民出版社2009年版，第36页。

而是都可以在任何部门内发展，社会调节着整个生产，因而使我有可能随自己的兴趣今天干这事，明天干那事，上午打猎，下午捕鱼，傍晚从事畜牧，晚饭后从事批判，这样就不会使我老是一个猎人、渔夫、牧人或批判者。"[①] 其次，人的本质在其现实性上是一切社会关系的总和，表现为人的社会关系的全面丰富和交往的普遍性，在共产主义社会，人的社会关系呈现丰富性、普遍性特征，人的社会关系超越了个体、分工、民族、地域局限性，发展出政治、经济、社会、法律、文化等丰富多样的关系。最后，人的本质就是人的个性，表现为人的心理、身体、思想道德、科学文化素质全面提升，人的个性得到充分发展。通过以上三方面的全面发展，一个人就能从自然、社会和人自身中获得最大的自由，并从这种自由中获得最大幸福。

恩格斯曾明确指出，马克思是"第一个给社会主义，因而也给现代整个工人运动提供了科学基础的人"。共产主义要消灭私有制，这样才能让人民群众恢复自由，这里的私有制不是财产私有，而是生产资料私有。

当然，我们必须看到，共产主义不是立刻就能实现的，必须要依靠生产力的极度发达。因此，不能忽视当前中国还处于社会主义初级阶段的现实，要大力发展生产力，这是实现人的自由全面发展的物质基础，同时，要通过合理的制度促进人的社会关系不断丰富和完善，要充分尊重人的需求，让人的个性能够自由发展。只有这样，即使处于社会主义初级阶段，人也能够逐渐摆脱人对人的依赖关系、人对物的依赖关系，不断实现人的自由全面发展。

其一，立志做一个自由全面发展的人。正如宋朝诗人文天祥的诗句，

---

① 《马克思恩格斯选集》第1卷，人民出版社1995年版，第85页。

"人生自古谁无死，留取丹心照汗青"。中国青年人实现全面自由发展，中国定能全面发展。未来100年是中华民族伟大复兴的最好机会，中国是同学们施展本领的最好舞台，抓住机遇，积极成为一个自由全面发展的人，就能助力中国引领世界走向自由全面的发展。不辜负时代，时代亦不会辜负我们。

其二，要"自找苦吃"，锻造优良品质，增强奋斗本领。要知道共产主义不是轻轻松松、敲锣打鼓就能实现的，而须经几代人甚至几十代人的努力才能完成。按照马克思的唯物史观，只有在生产力极度发达、物质极大丰富的情况下，才能实现共产主义。因此，同学们要立足于中国以发展为核心的实际，"自找苦吃"，磨炼意志，培养战胜困难的勇气，同时，提升各方面能力，学习战胜困难的方法，这样才能让自己的路越走越宽，让自己选择未来的职业，而不是职业选择我们。

其三，把成长当成目标，把成功视为自然而然的结果。人的自由全面发展是从低级到高级的发展过程，任何人对任何事都要经历从不会到会、从知道到精通的过程，重要的是不断成长，不能急功近利。只有在学校、社会不断学习、不断成长，才能以量变促质变，最终在学业、事业上成功，这是一个水到渠成的过程。

第四章
成长的钥匙：汲取马克思的大智慧

第四章

走你的路，让人们去说吧！

同学们学习、生活中会遭遇挫折、经历风浪，有的人越挫越勇，成为强者，有的人因一点挫折而一蹶不振，碌碌无为。如何看待人生中某个时刻的一时得失？人生更像一场持久的马拉松还是一次短跑比赛？如何克服做事信心不坚定的毛病？

红色经典再现

马克思描述自己的特征时，提到"目标始终如一"，这正符合他的人生轨迹。马克思的一生就像一场马拉松，过程中布满荆棘，但他在追求真理和解放人类的事业中到达光明的彼岸，就像他在《资本论》序言中所写："走你的路，让人们去说罢！"[①] 内心的执着和英勇的奋斗精神是他事业成功的关键。

---

① 《马克思恩格斯选集》第2卷，人民出版社2012年版，第85页。

如同马克思开创的伟大事业，中国共产党领导的解放事业也是一场马拉松，《论持久战》这篇光辉著作诞生后，就成为指导中国革命胜利的科学指南。从星星之火到燎原大火，从农村到城市，从战略被动到主动，从战术防御到进攻，从小到大，最终中国革命顺利完成中国人民解放的马拉松。

1938年5月，在伟大的抗日战争即将一周年之际，全民族的力量已经建立起来，坚持了统一战线，同敌人进行了英勇的斗争。与此同时，关于这场战争的疑问也越来越多。这场战争能不能胜利？中国会亡国吗？胜利的话，是速决战吗？很多人说是持久战，为什么？怎么争取最后的胜利？

不系统回答这些问题，中国人民就不能掌握抗日战争的主动权。1938年5月，《论持久战》就这样诞生了，毛泽东把自己关在延安窑洞里九天九夜，点着煤油灯，埋头写作，吃饭就是吃简单的稀饭和咸菜，终于写成了这篇约5万字的光辉著作。

《论持久战》既驳斥了"亡国论"，又驳斥了"速胜论"，科学预判了抗日战争持久战需经过战略防御、战略相持、战略反攻三个阶段，分析了抗战胜利的道路和方法。

《论持久战》不但在延安以及各革命根据地干部和群众中反响强烈，而且在国民党统治区也影响巨大。有"小诸葛"之誉的国民党将领白崇禧读完《论持久战》后拍案赞赏，对秘书程思远说："这才是克敌制胜的高韬战略！"其后，几经辗转，白崇禧向蒋介石讲述了《论持久战》的主要精神，蒋介石亦对《论持久战》深以为然。

不久，白崇禧把《论持久战》的精神归纳成"积小胜为大胜，以空间换时间"，这成为国共合作统一战线中联合抗日的战略指导思想。

《论持久战》之所以成为经典，是因为它从思想上武装了很多人，尽管它论述的是战争问题，但影响溢出了军事领域。它启迪人们探寻事物的发展规律、寻找战胜困难的法宝。

《论持久战》指出，战争的胜利不在于一城一地的得失，而在于消灭敌人的有生力量。存人失地，人地皆存。存地失人，人地皆失。说明了短期损失和长期发展的关系。而蒋介石十分在乎一城一地的得失，往往为了夺得一座城市而不惜代价。

中国共产党人辩证地看待敌我双方的长处和短处，从而得出日本必然失败，中国必然胜利的结论。同时，中国的胜利不会是速胜，而是经过艰苦甚至惨烈的斗争。《论持久战》指出，日本的长处是其战争力量之强，而短处则在其战争本质的退步性、野蛮性，在其人力、物力之不足，在其国际形势之寡助；中国的短处是战争力量之弱，而长处则在其战争本质的进步性和正义性，在其是一个大国家，在其国际形势之多助。在此基础上，中国抗日统一战线的完成、国际抗日统一战线的完成、日本国内人民和日本殖民地人民的革命运动的兴起成为中国战胜日本的三个条件，其中，就中国人民的立场来说，中国人民的大联合是主要的。

科学研判中日战争的特定阶段，就能制定应对的战略战术。《论持久战》将抗日战争的持久战划分为战略防御、战略相持、战略反攻三个阶段，指出第二阶段是整个战争的过渡阶段，也将是最困难的时期，然而它是转变的枢纽。中国将变为独立国，还是沦为殖民地，不决定于第一阶段大城市之是否丧失，而决定于第二阶段全民族努力的程度。如能坚持抗战，坚持统一战线和坚持持久战，中国将在此阶段获得转弱为强的力量。

中国共产党人特别重视人民群众的作用。兵民是胜利之本，武器是战争的重要因素，但不是决定性因素，决定性因素是人不是物。

人的主观能动性在战争中至关重要，敌我强弱存在此消彼长的动态过程，军事指挥员学会了战争中的"游泳术"，就能变被动为主动，加快胜利的步伐。

《论持久战》还详细论述了实行持久战应采取的具体作战方针、作战原则和作战形式。文章指出：在第一和第二阶段即敌之进攻和保守阶段，应该是战略防御中的战役和战斗的进攻战，战略持久中的战役和战斗的速决战，战略内线中的战役和战斗的外线作战；在第三阶段，应该是战略的反攻战。整个抗日战争中，中国将不会以阵地战为主要形式，主要和重要的形式是运动战和游击战。

经典语录

任何的科学批评的意见我都是欢迎的。而对于我从来就不让步的所谓舆论的偏见，我仍然遵守伟大的佛罗伦萨人的格言：

走你的路，让人们去说罢！

——马克思《资本论》第一卷第一版序言，1867年

同学们如何去做

其一，对于自身长处短处有客观清楚的认识。只有客观地知道自己的长处，才能积极去做自己擅长的事；只有深入地了解自己的短处，才能不断克服自己的缺点，从而避免在对某一领域还不擅长时就用鸡蛋碰石头。

其二，要懂得推动某事发展往往经历三个阶段：一是跟随，二是同行，三是引领。要根据自身条件，采取不同阶段的合适策略。比如，在能力不足时，采取跟随战术，就是以跟上事情的节奏为主要目标，不冒进；在能力不断增强，做事更加得心应手时，采取同行战术，即继续积累本领，为事情从量变向质变飞跃做好准备；在能力强大时，采取引领战术，争取成为团队的领导者，引领事情向有

利的方向发展。

其三，发挥主观能动性，处理好长期人生规划与短期人生规划的关系，不失时机推动弱项向强项转化。人生是一场马拉松，不在于一时成功或失败。长期人生规划是大战略，决定了一个人的发展走向；短期人生规划是小战术，决定了某个阶段或者时期能否实现某方面的突破；二者是相互联系、相互制约的。比如，立志成为科学家，这是长期人生规划，短期人生规划就是把现阶段的学业完成好，特别是学好物理、化学等，同时养成敢于挑战权威的精神和批判性思维。

第四章 2

养成批判性思维，避免人云亦云

生活中，有的同学缺少主见，容易人云亦云。究其原因，是没有养成批判性思维，不懂批判性分析的方法，久而久之，就不能形成对事物独特的看法，容易跟着别人的观点走。其实，马克思之所以能够在前人基础上创造那么多伟大思想，一个关键就是学会批判性思维，并熟练运用于思考、研究和工作、生活中。

红色经典再现

批判性思维源于古希腊哲学，既是思维技能，也是思维倾向，是指遵循一定的逻辑规则，抓住事物要领，通过质疑和反省，对事情作出推理和判断的高级的思维方法和形式。它反对死记硬背的灌输式教育，是当前教育提倡的重要形式。

批判性思维是马克思历史唯物主义的思维方式，马克思主义就是在批判中实现学术革命的。批判性思维是对所谓绝对真理和绝对权威的挑战，是现有人类文明成果（自然科学和社会科学）持续接受检验进而实现不断创新的关键，是人类创造文化精粹的途径。法国学者德里达认为，不能没有马克思，没有马克思，没有对马克思的记忆，没有马克思的遗产，也就没有将来，无论如何得有某个马克思，得有他的才华，至少得有他的某种精神。这里的"某种精神"指的就是批判精神。

马克思著作中常用的一个词就是"批判"，如早期的《黑格尔法哲学批判》《神圣家族，或对批判的批判所做的批判》，后来的《政治经济学批判》《哥达纲领批判》《资本论——政治经济学批判》，书名就带有"批判"。即使书名不带"批判"，内容也大多与批判有关，比如《关于费尔巴哈的提纲》批判费尔巴哈的旧唯物主义，《哲学的贫困》批判蒲鲁东的《贫困的哲学》，批判小资产阶级的社会主义思想。

跟大多数懵懂少年一样，求学初期的马克思并不是一个爱批判权威的人，他更多运用现成的权威理论对现实加以说明。当时马克思对黑格尔十分崇拜，为此加入了青年黑格尔派。直到有一天，他在探讨林木盗窃案时，现实问题将他对于黑格尔理性哲学的崇拜打破了，因为当时的国家法律是为维护私人利益而服务的。从此，马克思从批判黑格尔法哲学开始，开创了一场伟大的社会科学革命。

马克思没有为了批判而批判，而是在批判的基础上继承和发展。在创立马克思主义哲学时，马克思批判了黑格尔的唯心主义和费尔巴哈的旧唯物主义，但是继承了黑格尔的唯物辩证法和费尔巴哈的人本主义思想，并实现超越，创立了历史唯物主义。在创立科学社会主义时，马克思批判了圣西门、欧文等人的空想社会主义学说，批判了对资本主义社会改良的建议，继承了空想社会主义学说关于批判资本主义和关于未来社会的主张，进而提出了用暴力革命和无产阶级斗争推翻资产阶级政府的学说。

批判不是目的，找到正确的解决办法为现实服务才是正道。马克思批判当时的英国古典政治经济学，就是因为该学说是为资本主义制度服务的，无法揭示资本主义经济社会真正的运行规律，从而也就不能实现他的终极目标——人的解放。为此，马克思提出剩余价值规律，揭示了资本主义社会人剥削人的秘密。

要有批判性思维方式，更要掌握批判性思维方法。马克思就是用辩证法来进行批判的，正如他在《资本论》第二版的跋中所说："辩证法不崇拜任何东西，按其本质来说，它是批判的和革命的。"此外，马克思还十分注重自我批判，随着资本主义新现象不断出现，他对《资本论》多次进行修订就是很好的说明。

经典语录

新思潮的优点就恰恰在于我们不想教条式地预料未来，而只是希望在批判旧世界中发现新世界。

——马克思致卢格，1843年

同学们如何去做

其一，敢于质疑，学会独立思考。一方面要不断阅读经典著作，学习其中的方法和考虑问题的视角。比如，马克思主义唯物辩证法教我们事物是从量变到质变发展的，要正确认识事物发展的曲折性和前进性，要认识事物发展中矛盾的统一性和普遍性等；另一方面要学会质疑经典，通过将经典与身边的现实结合起来，分析经典的结论是否正确，并试着提出自己的见解。

其二，批判问题时要有理有据。批判一个问题，首先要对问题的各方面了如指掌，进而积极提出自己的见解。提出见解的主要依据是什么，可以列出来，做到有理有据。

其三，见解要有创新性。可以是某个方面的新点子，可以是使用最新的数据，或者采用了最新的观点，等等，循序渐进，通过持续的思维锻炼，获得创新的快乐。

第四章

3

学会斗争，跌倒了就爬起来

成长过程中，遇到挫折是常有的事，因为人成长的过程就是不断探索未知世界的过程，事情都是从不会到会，通过磨炼意志、增长本领，就能不断取得进步。同学们可能会因为一道数学题不会答、一项任务没完成好、一件事情没做好而气馁，这就需要同学们培养斗争精神，不向困难轻易低头。有了战胜困难的勇气，还要有战胜困难的正确方法。面对挫折，应该怎么做呢？

红色经典再现

俗话说"乌云遮不住太阳的光辉"。马克思在攀登科学高峰、领导共产主义运动的过程中充满了斗争精神。这斗争精神表现为马克思同蒲鲁东、费尔巴哈、哥特等思想家的学术论争，捍卫了马克思主义的真理光芒；这斗争精神体现在马克思同贫穷、饥饿、诱惑等的斗争中，帮助马克思最终到达真理的顶峰；这斗争精神还体现为马克思领导共产国际运动同资本主义统治势力殊死战斗，最终将共产主义的信仰传播到世界的每个角落。

中国共产党人很好地继承了马克思的斗争精神，在创建马克思主义中国化理论的同时，打败了日本帝国主义、国民党反动派等，建立了新中国，创造了人类解放的东方奇迹。

1937年8月，为了克服中国共产党党内存在的严重教条主义思想，毛泽东创作了《矛盾论》，它跟《实践论》一起奠定了马克思主义中国化的哲学基础。《矛盾论》教我们怎么去认识世界，并且找到改造世界的方法。

一切过程中矛盾着的各方面，既是相互排斥、相互斗争、相互对立的，同时，矛盾双方又是相互依存的，互为存在的条件，假如没有跟它对立的一方，就没有它本身。比如，没有攻击，就没有防御；没有生，就看不见死；没有顺利，就没有困难；没有无产阶级，就没有资产阶级；没有快乐，就没有苦恼。

一切对立的成分都是这样，因一定条件，一方面互相对立，一方面又相互连接、相互贯通、相互依赖，这种性质叫作同一性。当然，矛盾同一性除了相互依存，还有一个重要方面就是相互转化，也就是事物矛盾着的两方面，因为一定条件而向着和自己相反的方面转化。比如，解放战争时期，被俘的国民党反动派经过教育转化成代表正义的解放军，原来是统治者的资产阶级，经过无产阶级领导的革命，成了被统治阶级。

《矛盾论》指出：为什么鸡蛋能够转化为鸡子，而石头不能转化为鸡子呢？为什么战争与和平具有同一性，而战争与石头没有同一性呢？为什么人能生人不能生其他东西呢？没有别的，就是因为矛盾的同一性要在一定的必要条件之下。缺乏一定的必要的条件，就没有任何的同一性。

中国共产党人就是矛盾转化的高手。强是弱变来的，小是大变来的，弱者可以战胜强者，被压迫的阶级一旦觉悟起来，就不但能够掌握自己的命运，而且可以决定统治阶级的命运。

1960年，英国陆军元帅蒙哥马利访问中国时，盛赞辽沈、淮海、平津三大战役可以与世界历史上任何伟大的战役相媲美。老一辈中国无产阶级革命家则认为四渡赤水是得意之笔。

四渡赤水是以弱胜强、以少胜多的光辉战例，是毛泽东领导的敌我优劣矛盾转化的典型战例。当时国民党40万军队围堵只有3万多人的中央红军，双方在兵力、装备上对比悬殊，中国共产党人运用虚虚实实、声东击西、调虎离山、金蝉脱壳等高超的军事战术，在很多重要的时间节点让我方劣势变成敌方劣势，经常在局部形成战斗优势，最终取得了胜利。

人类认识世界有两个过程，一个是由特殊到一般，一个是由一般到特殊，人类的认识总是这样循环往复的，每一个过程的循环都可能使人类的认识提高一步。中国共产党人在全面掌握人类认识世界原理的基础上，科学运用矛盾转化发展，不断把不利条件转变为有利条件，持续推动从事的革命、建设事业发展前进。

经典语录

最好把真理比做燧石——它受到的敲打越厉害，发射出的光辉就越灿烂。

——马克思《第六届莱茵省议会的辩论（第一篇论文）》，1842年最好把真理比作燧石——它受到的敲打越厉害，发射出的光辉就越灿烂。

同学们如何去做

举个例子。语文老师要求每周写一篇400字的小短文，体裁不限，要做到故事完整、语言优美、字迹工整、感情充沛。有的同学语言表达不佳，构思不够合理，有的同学感情不够充沛，有的同学因为想玩游戏不肯动笔，等等，都完成得不够好。

其一，要列出当下要解决的事情所面临的主要问题，是这些问题综合作用，影响了任务的进展。

其二，要结合自身情况，针对影响任务进展的主要问题，采取对应的办法积极改善。语言表达不佳，构思能力欠缺，就要多作课外阅读，多留意身边的故事，逐步培养文字能力、积累写作素材。

其三，要积极创造条件，将暂时不好的事转变为好事。比如，有的同学因为构思能力欠缺，没能顺利完成任务，吸取教训，养成良好的阅读习惯后，写作能力逐步提升，将来就可能在写作方面成就一番事业。

第四章 4

养成战略思维，行动才能快人一步

有的同学很羡慕故事中运筹帷幄、神机妙算、预测未来的人。有的同学可能会疑惑，世界上真有能够预知未来的神人吗？其实，如果一个人说自己靠神机妙算就能预测未来，一定是骗子。真正的战略家是根据现实世界的矛盾变化，通过科学研判来分析事物发展规律的，这是一门实事求是的科学，不是空穴来风的臆测，也不是玄学，有其内在的规律。我们就从马克思主义革命家作为战略家的故事入手，获得战略思维能力的重要启示吧。

红色经典再现

以毛泽东为代表的马克思主义者就是运筹帷幄的战略家，他们开创了中国共产党的战略思维传统。战略思维能力就是准确把握事物发展规律和发展趋势的能力，作为战略家，一定要有"战略头脑"。

战略思维能力主要包括四个方面：一是科学判断能力，二是驾驭全局能力，三是敏锐的预见能力，四是主动应对能力。

科学判断能力是抓住事物发展主要矛盾的能力。在事物发展的复杂过程中有许多矛盾，其中必有一种主要矛盾，由于它的存在和发展，规定或影响着其他矛盾的存在和发展。任何过程中如有多数矛盾存在，其中必定有一种是主要的，起着领导的、决定的作用，其他则处于次要和服从的地位。因此，如果是存在两个以上矛盾的复杂过程，就要尽力找出其中的主要矛盾，抓住这个主要矛盾，一切问题才能迎刃而解。

在土地革命时期，中国老一辈无产阶级革命家通过马克思主义阶级分析法，科学分析了谁是我们的敌人、谁是我们的朋友，得出结论：农民问题是中国革命的中心问题，土地问题是农民革命的中心问题。这就抓住了主要矛盾，由此开辟了"农村包围城市、武装夺取政权"的革命道路。

战略思维要求看问题和现象不仅仅看局部，而是有全局眼光，即驾驭全局能力。战略是研究战争全局的规律的。马克思主义者看问题，不但要看到部分，而且要看到全体。"一着不慎，满盘皆输"，说的就是全局性的，对全局有决定意义的一着，而不是局部性的，对全局无决定意义的一着。成语"坐井观天"讲的就是只关注局部，不注重整体，从而判断出现错误的故事。

1947年解放战争时期，中国人民解放军由战略防御转向战略进攻之际，蒋介石调集国民党军队25万人、飞机100架，对延安实行"犁庭扫穴，切实占领"。共产党的部队只有3万人，装备比国民党部队落后很多。面对这种形势，共产党应该怎么办？中国老一辈革命家认为，国民党这是垂死挣扎，下这么大力气打延安，只会损害他们的大局，于是，决定暂时从延安撤退。撤退不是失败，而是为了更好地回来。面对很多红军关于放弃延安的疑惑，中国共产党的领导者认为：我们打仗，不在于一城一地的得失，而在于消灭敌人的有生力量。存人失地，人地皆存；存地失人，人地皆失。敌人进延安是握着拳头的，到了延安，他就要把指头伸开，这样就便于我们一个一个地切掉它。要告诉同志们，少则一年，多则两年，我们就要回来，我们要以一个延安换取全中国。

预见能力是战略家必备的技能，是一种前瞻思维能力，是一种长远的眼光。具备战略预见能力才能赢得主动性。"什么叫做领导？领导和预见有什么关系？预见就是预先看到前途趋向。如果没有预见，叫不叫领导？我说不叫领导。"[1]

没有预见就没有一切。掌握别人还没有掌握的规律，看到别人还没有看到的趋势，透过现象看到本质，就是战略预判能力。"坐在指挥台上，如果什么也看不见，就不能叫领导。坐在指挥台上，只看见地平线上已经出现的大量的普遍的东西，那是平平常常的，也不能算领导。只有当着还没有出现大量的明显的东西的时候，当桅杆顶刚刚露出的时候，就能看出这是要发展成为大量的普遍的东西，并能掌握住它，这才叫领导。"[2]

敏锐的预见要有科学的方法。毛泽东1936年在《中国革命战争的战略问题》一文中提出，战略指导者当其处在一个战略阶段时，应该计算到往后多数阶段，至少也应计算到下一个阶段。尽管往后变化难测，愈远看愈渺茫，然而大体的计算是可能的，估计前途的远景是必要的。1945年党的七大报告也讲到科学预见的重要性，认为许多事情是意料不到的，但是一定要想到，尤其是我们的高级负责干部要有这种精神准备，准备对付非常的困难，对付非常的不利情况。

在土地革命时期，面对"红旗到底打得多久"的疑问，中国老一辈战略家作出"星星之火，可以燎原"的科学预判。在抗日战争时期，面对"亡国论"和"速胜论"两种情绪，又作出"日本必败，中国必胜"的科学预判。在解放战争

---

[1] 《毛泽东文集》第三卷，人民出版社1996年版，第394页。
[2] 《毛泽东文集》第三卷，人民出版社1996年版，第394—395页。

时期，面对国民党的残酷围堵，中国共产党彻底揭露蒋介石和美帝国主义的虚弱本质，提出"一切反动派都是纸老虎"的论断。在中华人民共和国成立初期，面对是否抗美援朝的艰难抉择，中国共产党果断预判"打得一拳开，免得百拳来。抗美援朝，就是保家卫国"。历史证明这个决策非常正确，为今后中国的和平发展赢得了良好的国际环境。

事物的矛盾是不断发展变化的，主要矛盾会随着时间而发展变化，这就要求战略决策者主动作出调整，才能占据有利局面。1947年夏季，中国人民解放军从战略防御转入战略进攻后，中国老一辈无产阶级革命家认为，中国人民的革命战争，现在已经达到了一个转折点。此时，人民解放军的战略战术也主动作出调整，从游击战、运动战为主转向运动战、阵地战为主，从游击战的"敌进我退，敌驻我扰，敌疲我打，敌退我追"转向"十大军事原则"确立的作战方针。在新战略战术的指导下，1948年9月到1949年1月，中国人民解放军先后取得辽沈战役、淮海战役、平津战役三场战略性战役的胜利，并最终解放了全中国。

经典语录

在科学的入口处，正像在地狱的入口处一样，必须提出这样的要求："这里必须根绝一切犹豫；这里任何怯懦都无济于事。"

——马克思《〈政治经济学批判〉序言》，1859年

同学们如何去做

其一，学会透过现象看本质，抓住主要矛盾。真相往往掩盖在零零碎碎的现象背后，要通过调查研究，发现事物发展面对的矛盾，罗列出来，找出其中的主要矛盾，先解决主要矛盾，再解决次要矛盾。

其二，要用长远的发展眼光看问题，先做事关全局的事，局部性的事可以放在后面，如果时间安排不过来，甚至可以放弃局部性的事。比如，自我管理、勤于动脑、勇敢面对挫折等是影响个人一生的重要习惯，事关全局，应该优先培养，其他如才艺等是局部性的，可以慢慢学习。

其三，培养预见能力，并尝试主动采取应对策略。这就要求同学们多学习中外历史故事，从中发现找寻事物发展规律的方法，正如马克·吐温所说，历史不会重演，但总是惊人的相似。要多在实践中接受锻炼，锻炼发现事物发展规律的能力，并提出切中要害的对策。

第四章 5

透过现象看本质，看问题更深刻

人们常说"眼见为实"，但生活中也常有眼见不为实的现象。比如海市蜃楼、月亮发光、地球是平的等，都是眼见不为实的例子。此外，声东击西、狐假虎威、空城计等都是关于制造假象以蒙蔽人的眼睛。这就告诉我们，凡事不要急于下结论，要学会透过现象发现本质，让实践来检验判断。马克思就是透过现象发现本质的高手。

红色经典再现

正确的认识就是让主观和客观、理论和实践有机统一起来。主观和客观符合了，作决策时就不容易出错。在革命战争年代，战略战术与敌我实力对比相符就是制胜的法宝。比如国内革命战争时期，"农村包围城市、武装夺取政权"就是正确的认识，"集中力量首先攻打城市"就是错误的认识，错误的认识给党和国家事业造成了极大的损失。在和平年代，正确的经济社会建设方针能让地区经济发展更快，老百姓更加富裕。

人类的认识能力是无限的，个人的认识能力又是有限的，这个矛盾要通过实践、认识、再实践、再认识的不断循环来解决。马克思说："如果事物的表现形式和事物的本质会直接合而为一，一切科学就都成为多余的了"①。人们认识事物，就是要透过现象认识本质，把握事物的发展规律。现象是外露的、表面的，属于个性、特殊性，经常以假象来展示，本质常常藏在表象背后。本质是一种客观规律，不同现象的本质有共性、规律性，是看不见摸不着的，要通过科学研究才能被揭示。

具体的认识过程往往经历两个阶段，一是在实践基础上从感性认识到理性认识，二是到实践中去检验理性认识，进而深化认识，掌握事物的本质和规律。正如列宁所说，"从生动的直观到抽象的思维，并从抽象的思维到实践，这就是认识真理、认识客观实在的辩证途径"②。

在认识过程中，要学会运用归纳与演绎、分析与综合、抽象与具体等方法。除了科学的方法，想象、灵感、直觉等非理性正向因素也会激发认识的潜力，加快认识的速度。不仅艺术家、诗人需要想象，科学家也同样需要。英国学者培根认为，青年人思想活跃，富有创造力和想象力，有时灵感的到来如有神助。英国物理学家牛顿被苹果砸中发现万有引力，德国化学家凯库勒午休梦到一条小蛇的头部咬住尾巴引发想象进而发现苯环结构，俄国化学家门捷列夫常常像玩纸牌那样摆弄元素卡片而意外发现元素周期变化规律，诸如此类，就是典型的例子。

马克思就是透过现象发现本质的高手。马克思发现人的本质是一切社会关系的总和，这里的社会关系是指人与人、人与群体、人与国家等的关系，涵盖经济

---

① 《马克思恩格斯全集》第25卷，人民出版社1974年版，第923页。
② 《列宁全集》第55卷，人民出版社1990年版，第142页。

关系、政治关系、法律关系、伦理道德关系等重要领域。马克思认为，人的本质不是先天的、天赋的，而是在后天的社会实践、社会生活中形成的，并且人的本质随着社会关系的变化不断变化，由于社会关系不断变化，因此不存在永恒的人的本质。

理解了人的本质，就能学着了解人、对待人。人的本质应该从具体的物质生产活动中形成的社会关系中去把握。看到一个人自私小气，一个人大方慷慨，我们就知道是跟他们的成长环境和生活经历有关，了解其成长经历就加深对其的理解。

有人说"人天生是自私的""趋利避害是人的天性"，这是错误的。在个人没有私有财产的社会制度下，人就没有自私的观念。马克思破除普遍人性、共同人性等错误观念，提出要从现实的社会制度、社会关系中去认识人、对待人。

经典语录

一切节约归根到底都是时间的节约。节约劳动时间等于增加自由时间,即增加个人得到充分发展的时间。

——马克思《政治经济学批判(1857—1858年草稿)》

同学们如何去做

其一,积极参与社会实践,不断提升认知能力。人与人的区别之一在于认知能力,认识世界的能力决定了人未来发展的高度。比如,某地发现一座古堡,规划时有人提出打造成旅游景点,引入潮流元素,有人提出保留原址,保存历史文化,建成展馆,展示历史文化。同样是开发,后者的思路立意更高远。实践是认识的基础和来源,荀子说"不登高山,不知天之高也;不临深溪,不知地之厚也",就是告诉人们要通过实践获取知识,通过实践不断提升认知能力。

其二,掌握透过现象发现本质的科学方法。认识到归纳与演绎、分析与综合、抽象与具体等科学方法的作用,探索适合自己的方法,有针对性地提升发现事物本质的能力。发挥主观能动性,培养想象力,在点滴生活中运用想象力,如思考怎样换乘公交可以保证准时到校,怎样训练宠物,等等。

其三,坚持"实践是检验真理的唯一标准"。将自己总结的规律、作出的推断、得出的结论等应用到生活、学习中,不断提升认识世界的能力。不要害怕犯错误,越想闯入新领域,越容易犯错误,这是客观规律,如何从错误中总结提炼真知，取得新的进步，才是关键。将个人的认识应用到社会实践中去检验后，及时总结经验、修正错误，再回到实践中，如此不断提升认知能力。

第五章
活学活用：成为马克思那样的全才

第五章

1

不偏科的秘诀是什么？

同学们在学校要学多门功课，小学阶段有语文、数学、英语、科学、道德与法治、体育、音乐等，中学阶段有物理、化学、生物、地理等，学习很紧张。一天只有 24 个小时，在有限的时间里，学好这么多门课程，真不是一件容易的事。有的同学出现偏科的现象，有的课程学得好，有的课程学得不那么好。不偏科的秘诀是什么？我们能从马克思身上学到什么方法？

红色经典再现

质量互变规律是马克思主义唯物辩证法三大规律之一，揭示了事物因矛盾引起的发展过程、发展状态、发展形式的特点。量变是事物数量的增减和场所的变更，不是根本性质的变化，其特点是逐渐的、不显著的，是事物处于相对静止的状态。质变是事物性质的根本变化，是事物由一种质态向另一种质态的飞跃或突变，是事物处于显著变化的状态。

在量变向质变转变的过程中，只有当量变发展到一定程度，事物内部的主要矛盾运动形式发生改变时，才能引起质变。毛泽东1930年的《星星之火，可以燎原》批判了党内存在的悲观思想，体现了革命乐观主义下对中国革命战争从量变到质变的必胜信念。

量变到质变的智慧体现在古人的思想中。古人"不积跬步无以至千里，不积小流无以成江海""锲而不舍，金石可镂""聚沙成塔，集腋成裘""水滴石穿""千里之堤，溃于蚁穴"等论断，无不体现对量变到质变的辩证认识。

鲁迅先生在《故乡》中曾经说："希望本是无所谓有，无所谓无的。这正如地上的路；其实地上本没有路，走的人多了，也便成了路。"从没路到有路，也体现了量变到质变的过程。

中国共产党经历了从无到有、从小到大、从弱到强的量变到质变的过程。1921年，中国共产党成立时只有50多名党员，党的一大代表只有13人。如今，中国共产党拥有9800多万名党员，成为世界上最大的执政党。

中国共产党人抓住了很多重要历史机遇，推动中国革命不断向前进步，如1935年遵义会议、1938年党的六届六中全会，都是促成量变到质变转化、推动中国革命取得胜利的重要机遇。

遵义会议前，受"左"倾、右倾主义影响，中国革命遭受大波折，直到遵义会议确立党内新的领导核心，中国革命事业开始大步前进。中国革命斗争的胜利要靠中国同志了解中国情况，党的六届六中全会提出中国共产党实现马克思主义中国化的发展道路和历史使命，中国开始从胜利走向胜利。

1945年，党的七大闭幕式上，毛泽东意味深长地讲了愚公移山的故事，教育大家"下定决心，不怕牺牲，排除万难，去争取胜利"。故事是这样的：古代有一个老人，住在华北，名叫北山愚公。他家南面有两座大山挡住出路，一座叫作太行山，一座叫作王屋山。愚公下决心率领儿子们用锄头挖去两座大山。有一个叫智叟的老人看了发笑,说你们这样干未免太愚蠢了,你们父子数人要挖掉这样两座大山是完全不可能的。愚公回答:"我死了以后有我的儿子,儿子死了,又有孙子,子子孙孙是没有穷尽的。这两座山虽然很高,却是不会再增高了,挖一点就会少一点,为什么挖不平呢?"愚公批驳了智叟的错误思想,毫不动摇,每天挖山不止。这件事感动了上帝,他就派了两个神仙下凡,把两座山背走了。愚公移山的故事,正是对质量互变规律的最好说明。

经典语录

谁要是为名利的恶魔所诱惑，他就不能保持理智，就会依照不可抗拒的力量所指引给他的方向扑去。

——马克思《青年在选择职业时的考虑》，1835 年

同学们如何去做

其一，针对弱项科目，注重量的积累，补齐一个个短板。制定"庖丁解牛"的方案，针对弱项科目的大纲，分若干部分，通过线上课程学习、线下自主学习等多种方式，逐一补齐短板，从部分优势过渡到整体优势，累积形成蓄势待发的整体优势。

其二，敢于突破，不失时机创造飞跃的条件。注重攻克关键瓶颈或关键难点，积极为劣势科目向优势科目转变创造条件。有时候这种转变只需要跨出一小步，比如，深入理解数学中的一个法则，就能解答很多习题。

其三，对于优势科目，不能放松，要制定科学的学习方法，课堂上学完后，适时巩固提升，分清重点内容与次要内容，把更多的精力放在补齐弱势科目上。按照质量互变规律，要长久保持优势科目，就要适当分配时间，防止优势科目转变为劣势科目。

第五章

2

怎样写出好文章？

写作是一些同学的弱项。老师布置了作文，有的同学不知道从哪里下手，找不到好的切入点，有的同学语言匮乏，有的同学对文章结构怎么组织没有头绪，有的同学死记硬背几篇范文，照猫画虎套用……也许有同学认为，写作文是学生时代应付考试而已，工作后用不着了。现实不是这样的，良好的写作能力是一个人不同人生阶段获得成功的秘密武器。小到发信息，大到会议发言、公开演讲，都体现了一个人的写作能力。好的文章如春风化雨，润物细无声地传递正面价值。良好的写作能力能让同学们的学习事半功倍，特别是对于立志将来从事文字工作的同学，写得一手好文章大有前途，所谓"书生报国无他物，唯有手中笔如刀"。马克思就是写文章的高手。我们可以从他的写作中学习如何写出好文章。

红色经典再现

好文章要坚持问题导向，为现实服务。马克思任《莱茵报》主编时，在林木盗窃法等问题上第一次遇到要对所谓物质利益发表意见的难事，这促使他从哲学研究转向政治经济学研究。无论是理论性较强的《资本论》《哲学的贫困》，还是关注社会问题的《1848年至1850年的法兰西阶级斗争》，都是坚持问题导向，为解决现实中的问题服务的。

好文章不迷信权威，保持对现有理论、结论的批判精神，敢于创新，勇于探索。马克思的作品之所以能直达千千万万人的心灵，就是在于他批判地继承人类一切优秀成果，实现科学理论的彻底性。在评价马克思的批判精神时，列宁曾指出：凡是人类思想所建树的一切，他都放在工人运动中检验过，重新加以探讨，加以批判，从而得出了那些被资产阶级狭隘性所限制或被资产阶级偏见束缚住的人所不能得出的结论。

想写出好文章，要先有一个逻辑合理的写作大纲。马克思认为，人与蜜蜂不同的地方，就是人在建筑房屋前早就在思想中有了房屋的大体形状。马克思在创作完整的《资本论》之前就构思了写作提纲，并多次调整，确定四卷本的写作大纲。这份写作大纲包括我们现在看到的三卷本《资本论》，即《资本论》第一卷分析"资本的生产过程"、《资本论》第二卷分析"资本的流通过程"、《资本论》第三卷总论"资本主义生产的总过程"，还有《资本论》第四卷关于"剩余价值理论"。

好文章是在充分搜集资料的基础上写成的。马克思为了撰写《资本论》，曾经很长一段时间每天10个小时待在大英博物馆查资料，晚上很晚才回家，又通宵达旦写文章。1850年6月—1853年8月，他整理撰写了厚厚的24本"伦敦笔记"，内容涉及统计资料、重大事件、理论文献等。马克思为了写《资本论》，仅摘录的主要书籍就有1500多种。同学们一定听说过一个故事，由于精力集中，日久年深，马克思的双脚在大英博物馆的图书馆一个固定座位的地面来回磨蹭，以至于磨出一个很深的坑，人称"马克思的足迹"。

好文章必须观点鲜明，杜绝空话、废话。马克思、恩格斯在《共产党宣言》开篇就庄严宣告"现在是共产党人向全世界公开说明自己的观点、自己的目的、自己的意图并且拿党自己的宣言来反驳关于共产主义幽灵的神话的时候了"[①]，进而指出"共产党人不屑于隐瞒自己的观点和意图"[②]。《资本论》中写道，"资本来到世间，从头到脚，每个毛孔都滴着血和肮脏的东西"[③]，可谓一语中的。《关于费尔巴哈的提纲》开篇就说，"从前的一切唯物主义——包括费尔巴哈的唯物主义——的主要缺点是：对事物、现实、感性，只从客体的或者直观的形式去理解，而不是把它们当作人的感性活动，当作实践去理解，不是从主观方面去理解"[④]，也是开宗明义。恩格斯认为，即使只是在一个单独的历史实例上发展唯物主义的观点，也是一项要求多年冷静钻研的科学工作，因为很明显，在这里只说空话是无济于事的，只有靠大量的、批判地审查过的、充分地掌握了的历史资料，才能解决这样的任务。

好文章除了有好的内容，还要有好的表达形式。马克思不仅注重文章内容，还注重表达形式，以读者易于接受的文体进行写作。尽管《资本论》等著作思想深邃，但马克思尽量用通俗的语言来表达。据马克思的好友李卜克内西回忆，马克思是一位纯粹的修辞家，非常注重正确、合宜的表达，他经常阅读但丁、塞万提斯、莎士比亚、歌德等伟大作家的作品，从中寻找表达的灵感。如《资本论》中"商品不能自己到市场去，不能自己去交换"[⑤]，"金银天然不是货币，但货币天

[①] 《马克思恩格斯选集》第1卷，人民出版社2012年版，第399页。
[②] 《马克思恩格斯选集》第1卷，人民出版社2012年版，第435页。
[③] 《马克思恩格斯选集》第2卷，人民出版社2012年版，第297页。
[④] 《马克思恩格斯全集》第3卷，人民出版社1960年版，第3页。
[⑤] 《马克思恩格斯选集》第2卷，人民出版社2012年版，第127页。

怎样写出好文章？ | III

然是金银"① 等，就是这样的表达。即便如此，马克思还是认为，对于《资本论》文字上的缺点，他本人的评判比任何人都更为严厉。

经典语录

良心是由人的知识和全部生活方式来决定的。

——马克思《对哥特沙克及其同志们的审判》，1848 年

---

① 《马克思恩格斯选集》第 2 卷，人民出版社 2012 年版，第 132 页。

同学们如何去做

其一，杜绝焦虑，行动起来。良好的写作能力，是个人综合能力的放大器。《明朝那些事》的作者当年明月（笔名，原名石悦）原是广东顺德海关一名公务员，每天朝九晚五，业余时间创作《明朝那些事》，让中国读者乃至世界读者知道了他；科幻作家刘慈欣原是一名电工，曾在山西娘子关电厂工作，工余时间创作科幻小说《三体》，获第73届雨果奖最佳长篇小说奖，美国前总统奥巴马称赞"《三体》太有想象力了"。困于焦虑情绪只会让自己停步不前，赶紧行动起来吧，学习写作方法，动笔试练，你会发现写作并非想象的那么难。

其二，学习写作方法。写文章首先要有大纲，文章分成几个部分，每个部分写什么内容，要心中有数；接着，提炼观点，每个部分写出中心句，要表达的主题，要支持什么、反对什么，可以在大纲中的分节标题部分有所体现；然后，观点要鲜明，抓住事物的主要矛盾，体现规律性，不是为了迎合某些人就提出符合其要求的观点，而是要体现自己的独立思考；最后，找到具体鲜活的案例或者经典故事来支持观点。

其三，厚积薄发。广泛阅读名著，特别是马克思、恩格斯、列宁以及毛泽东等人的经典著作。下笔如有神，首先须读书破万卷。同时，不仅要读有字之书，而且要读无字之书，多参与社会实践，走进广大老百姓的生活，注意观察，积累素材。要记住，好文章最重要的不是写作技巧，而是闪亮的思想和独立的观点。

第五章

如何快速积累知识？

同学们不断成长的过程，也是知识积累的过程，在学校往往每天都在吸收新知识。生活中也是如此，面对科技、艺术、历史等领域丰富的新知识，要通过知识积累才能掌握新本领，体验新乐趣。这个过程中可能会走一些弯路，会遭遇一些挫折。如何不断积累知识、增长本领，进而不断成功呢？同学们可以从马克思以及中国共产党人总结经验领导革命走向胜利的事迹中汲取智慧。

红色经典再现

1848年法国二月革命后，无产阶级与资产阶级的矛盾日益尖锐，一系列资产阶级民主革命在欧洲爆发，马克思积极投入并指导欧洲的革命斗争。

为系统总结失败的教训，马克思写了很多著作，引领无产阶级革命的发展方向。其中，《路易·波拿巴的雾月十八日》具有代表性。该文写于1851年12月—

1852年3月25日，马克思在其中提出了很多独到的见解，提出必须建立无产阶级专政的政党等一系列理论，丰富了马克思主义学说。

《路易·波拿巴的雾月十八日》揭露了资产阶级惧怕群众的阶级局限性和虚伪性，认为资产阶级和工农群众没有共同的根本性的利益；阐述了马克思主义的国家学说和无产阶级专政理论，认为未来的无产阶级革命必须要"集中自己的全部破坏力量"来砸碎旧的国家机器，必须彻底"推翻资产阶级"、实现"工人阶级专政"；考察了农民阶级的两重性，认为反抗剥削与压迫是农民天然的革命本性，对于中国具有重要借鉴意义；论证了无产阶级必须与农民结成联盟和成为联盟领导者的重要性；指出农民必须成为无产阶级的天然同盟军，无产阶级革命才能"形成一种合唱，若没有这种合唱，它在一切农民国度中的独唱是不免要变成孤鸿哀鸣的"①。

中国共产党人继承了马克思善于总结的优良作风，在总结经验中不断推动中国革命事业向前。为了用马克思主义认识论的观点去揭露党内的教条主义和经验主义，特别是反对教条主义等主观主义错误，1937年7月，毛泽东发表著名的《实践论》，系统论述了认识和实践、知与行的关系。文章认为，"人们要想得到工作的胜利即得到预想的结果，一定要使自己的思想合于客观外界的规律性，如果不合，就会在实践中失败。人们经过失败之后，也就从失败取得教训，改正自己的思想使之适合于外界的规律性，人们就能变失败为胜利，所谓'失败者成功之母'，'吃一堑长一智'，就是这个道理"②。

在《实践论》中，中国共产党人眼中的辩证唯物论的全部认识论、知行统一观是什么样的？那就是：实践、认识、再实践、再认识，以这种形式，循环往复

---

① 《马克思恩格斯选集》第1卷，人民出版社2012年版，第769页。
② 《毛泽东选集》第一卷，人民出版社1991年版，第284页。

以至无穷,而实践和认识之每一个循环的内容,都比较地进到了高一级的程度。

善于总结经验,就能及时修正错误,走正确的路,进而从胜利走向胜利。在《改造我们的学习》中,毛泽东指出,错误常常是正确的先导。中国共产党在革命战争初期犯了"左"倾和右倾主义错误,就是靠及时总结经验才挽救了中国的命运,最终将中国革命领上马克思主义同中国实践相结合的道路。

毛泽东的大量著作都是在总结中国革命实践经验的基础上写成的。如《井冈山的斗争》《中国革命战争的战略问题》《实践论》《矛盾论》《论持久战》《新民主主义论》《抗日游击战争中的战略问题》等,都是系统总结特定阶段的斗争经验,为中国革命寻找前进道路的。

在土地革命和抗日战争时期,我们党总结了游击战争"敌进我退,敌驻我扰,敌疲我打,敌退我追"十六字诀,在解放战争时期,又总结了对国民党作战的"十大军事原则",都是适时总结了特定阶段战争的规律。

不仅要懂得总结自己的经验,还要善于总结别人的经验。毛泽东在《对晋绥日报编辑人员的谈话》中讲,把别人的经验变成自己的,他的本事就大了。文章认为,中国革命的教员不只是马克思、恩格斯、列宁、斯大林,还应包括帝国主义、蒋介石以及犯错误的同志。没有他们,我们就学不会办事。

要重视总结经验,但坚决反对经验主义。任何过程,无论是自然界的还是人类社会的,由于内部的矛盾和斗争,都是向前推移向前发展的,人们的认识运动也应该向前发展。经验主义者就是不顾实践发展和客观环境的变化,没有根据新情况发现新规律,最终导致错误的认识和行动。

实践是不断向前发展的,要实现知行合一,认识也要不断深化。只有做到经常总结、善于总结,才能实现从感性认识向理性认识的飞跃,从而更好地指导社会实践活动,更好地达成认识世界、改造世界的目的。

马克思：越成长越自由

> 洞悉来时路，行向更远处。

> 为什么要总结经验呢？太浪费时间了！

经典语录

弱者总是靠相信奇迹求得解救，以为只要他能在自己的想象中驱除了敌人就算打败了敌人；他总是对自己的未来，以及对自己打算建树、但现在言之过早的功绩信口吹嘘，因而失去对现实的一切感觉。

——马克思《路易·波拿巴的雾月十八日》，1851—1852 年

同学们如何去做

其一，养成总结经验的好习惯。人生好比一座金字塔，经验和智慧越多，塔基越坚固，在迈向梦想的道路上，能走得更顺利。总结经验不要心血来潮，要久久为之，不要草草了事，要认真对待。总结经验就是针对上一阶段出现的问题、发现的新方法进行提炼，得出改进的办法，发现更有效率的方法。对同学们来说，可以概括为"三总结"：每天晚上总结当天得失，周末总结一周得失，月末总结当月得失。总结可以是书面的，也可以是心里默想的。总结之后，可以简单计划下一天、一周、一个月的计划，并分步骤实施。

其二，既要善于总结自己的直接经验，又要从周边人身上或者从书本中学习间接经验，并在实践中将间接经验转化为自己的经验。经验是多方面的，全面吸收就能不断进步。既总结自己的经验，又总结他人的经验；既总结成功的经验，又总结失败的经验。人的生命是有限的，参与实践的时间是有限的，不可能什么事都亲自实践去获取经验，间接经验可能比直接经验占比更高，这就要求同学们多多借鉴间接经验。

其三，要善于将经验付诸实践，用实践来检验经验，并进一步完善经验。经验来源于实践，要回到实践中指导实践，循环往复，如此才能不断完善经验，从而不断进步。

第六章
志向远大：做马克思式少年

第六章

1

学习之路：以科学方法锻造多面手

如果用一个关键词形容马克思，你会用哪个词？有的同学说共产主义，有的说马克思主义，有的说无产阶级革命导师，有的说马克思主义哲学，还有的说共产党宣言。同学们对马克思的印象也许更偏向红色基因，但事实上，马克思不仅在哲学、经济学、科学社会主义领域作出了伟大贡献，在历史学、人类学、数学等领域也有卓越建树。马克思是如何成为全才的？

红色经典再现

马克思的一生，是革命实践的一生，也是追求科学真理的一生。马克思认为，在科学上没有平坦的大道，只有不畏劳苦沿着陡峭山路攀登的人，才有希望达到光辉的顶点。马克思是这么说的，也是这么做的。

马克思在科学探索的道路上披荆斩棘，在一次次跌倒之后爬起来，不仅战胜困难，还为人类带来智慧和希望，给世界留下了不朽的科学思想。除了哲学、政治经济学，马克思还积极研究自然科学，他与生物学家达尔文、有机化学之父肖莱马、数学家穆尔等经常交流，结成了相互成就的伟大友谊。

即使在多病的晚年，马克思也积极探索未知的科学领域，他的研究不是浅尝辄止，而是刻苦钻研，记录了篇幅庞大的历史学、人类学、数学等学科笔记。正如恩格斯所说："马克思在他所研究的每一个领域，甚至在数学领域，都有独到的发现，这样的领域是很多的，而且其中任何一个领域他都不是浅尝辄止。"[①]

马克思的科学探索不是漫无目的的，而是为了不断完善和丰富他的政治经济学理论、哲学理论，是在高度聚焦某些特定领域下不断拓展的。马克思处在第一次工业革命的时代，这一时期生物进化、有机化学、蒸汽火车等科学学说和科技创新层出不穷，资本主义国家开始在全球进行贸易，给马克思写作《资本论》提供了丰富的现实土壤。与此同时，由于科技进步迅速，经济社会新现象不断出现，马克思产生了很多困惑，这迫使他必须不断吸收自然科学、社会科学的新知识，才能不断完善他的唯物史观、剩余价值论等。比如，在研究《资本论》中的土地问题时，马克思就土地贫瘠与化肥使用关系问题经常向化学家肖莱马请教；为深入把握人类社会发展规律，马克思借鉴美国人类学家摩尔根《古代社会》等著作，写出40万字的人类学笔记，探索文明的发生。

马克思之所以著作等身，创造了那么多科学成就，就在于他掌握了打开思想枷锁的方法：通过他所发现的唯物辩证法、剩余价值理论、阶级斗争理论等发现社会发展规律，对世界保持探索的热情，不断发现人类社会的内在规律。马克思就是在伟大理想的支撑下，不为眼前小事所困扰，凭借攀登科学高峰的勇气和智慧，持之以恒，久久为功。

---

① 《马克思恩格斯选集》第3卷，人民出版社2012年版，第1003页。

马克思注重立足前人成果,坚持问题导向,在实践中发现问题,并解决问题,如此往复,这就是马克思在众多科学领域实现突破的独特模式。问题导向是马克思创立马克思主义政治经济学的起点,当时已有的理论没法解释林木盗窃等问题,促使马克思开始一场经济学领域的革命。正如马克思后来所说,"1842—1843年间,我作为《莱茵报》的编辑,第一次遇到要对所谓物质利益发表意见的难事。莱茵省议会关于林木盗窃和地产析分的讨论……,是促使我去研究经济问题的最初动因"[1]。后来,恩格斯也谈到,自己"曾不止一次地听到马克思说,正是他对林木盗窃法和摩塞尔河地区农民处境的研究,推动他由纯政治转向研究经济关系,并从而走向社会主义"[2]。

---

[1] 《马克思恩格斯选集》第2卷,人民出版社2012年版,第1—2页。
[2] 戴维·麦克莱伦:《马克思主义以前的马克思》,河北教育出版社1990年版,第103页。

经典语录

科学绝不是一种自私自利的享乐。有幸能够致力于科学研究的人,首先应该拿自己的学识为人类服务。[①]

——马克思

同学们如何去做

其一,要解放思想,破除"唯书唯上"的先验主义思维,心中有世界,才可能改造世界。如同西方世界的崛起得益于文艺复兴、启蒙运动、宗教改革等思想的解放,中国繁荣富强也得益于解放思想。"思想有多远,我们就能走多远",没有思想解放,就没有人敢于冒险,哥白尼就提不出"太阳中心说",哥伦布就发现不了新大陆。一个社会的大发展得益于思想的解放,一个人的成长和成功同样得益于其开放的思想,这种开放的思想必定不是自私的,而是在成就事业的同时服务于社会群体、服务于国家建设。

其二,学会理性、客观地看待问题。字节跳动的创始人张一鸣非常重视人对世界的理解,认为这是一个人的最大竞争力,因为别的资源如资金、设备、渠道等都是可以进行整合的。理性、客观地看待问题,就是不掺杂个人情绪、立场、价值观等来评判事情,实事求是地分析问题,做顺应科学规律、符合人性的事。

[①] 转引自保尔·拉法格:《回忆马克思恩格斯》,人民出版社1973年版,第2页。

其三，学会触类旁通，以点带面，在已掌握知识的基础上有所拓展，扩展到延伸领域，"厚的书读薄，薄的书读厚"，进而不断解决现实问题。"厚的书读薄"就是要学会精读，快速掌握知识，是对抓住关键问题的比喻；"薄的书读厚"也是一种比喻，是说在读完正文后，可以翻看参考文献、注释进一步了解相关知识，也就是用研究的态度，通过查文献、找资料等，主动寻找解决问题的办法。

职业理想：先埋下梦想的种子

  人类有很多伟大的梦想，比如，梦想像鸟儿那样自由自在地飞翔，梦想像鱼儿那样在大海中游来游去，梦想有一天登上月球、火星去探险，梦想像传说中的神仙那样预测天气变化，什么时候下雨、刮风、下雪都能准确预测……随着科技的不断进步，飞机、潜水艇、宇宙飞船、气象卫星等发明让人类的梦想不断实现。多彩多姿的美好世界，激发无数追梦人前赴后继。对于个人来说，人生就像走过多重门，通过实现梦想，打开一扇又一扇门，进入新的世界。从小要种下梦想的种子，未来才可能长成大树。马克思在少年时代就埋下为全人类幸福而工作的梦想的种子，青年时代选择了"最能为人类而工作的职业"，即使遭受政治迫害、精神摧残、身体饥饿也没有退缩，最终将共产主义的梦想播撒到全世界，特别是给中国带来了马克思主义。

红色经典再现

少年时马克思并没有想到自己会成为世界无产阶级革命的伟大导师，他只想为全人类幸福而工作。他17岁时在《青年在选择职业时的考虑》中提到，长大后要从事"最能为人类而工作的职业"。目睹资本主义社会的种种丑陋现象，贫穷、剥削、饥饿、虚伪、不公平等当时社会的常态，促使马克思决心创造一个美好的世界。

梦想是美好的，道路是曲折的。马克思不仅是伟大的思想家，创立了唯物史观，揭示了人类社会发展的规律，发现了剩余价值理论，揭示了资本主义社会运行的本质，还领导了世界无产阶级革命运动，将共产主义思想带到世界的每一个角落。马克思在理论创造和革命斗争的过程中，因遭受政治压迫，常忍受贫穷和疾病的折磨。马克思生育有6个孩子，四女二子，只有3个女儿长大成人，其他孩子因为贫困没钱看病而夭折。1850年，马克思穷困潦倒，连写作的稿纸都买不起。有一次，为了弄到邮票，他四处奔忙，还同小店老板喋喋不休地讨价还价。1859年1月，马克思完成《政治经济学批判》后给恩格斯写信，说："倒霉的手稿写完了，但不能寄走，因为身边一分钱也没有，付不起邮资和保险金；而保险又是必要的，因为我没有手稿的副本。所以我又不得不请你在星期一以前寄点钱来"[①]。尽管身处困境，但马克思始终保持着革命乐观精神，他曾经幽默地说："未必有人会在这样缺货币的情况下来写关于'货币'的文章！"[②]

---

① 《马克思恩格斯全集》第29卷，人民出版社1972年版，第370页。
② 《马克思恩格斯全集》第29卷，人民出版社1972年版，第371页。

只谈梦想，不讲做事方法、不付出努力的梦想是盲目和不切实际的。马克思和恩格斯同世界各国的无产阶级结成了广泛的同盟，让共产主义的光明照向世界每一个角落，从欧洲、美洲到亚洲，从西伯利亚矿井到加利福尼亚，再到中国的上海、北京，特别是，当共产主义的火苗在中国燃烧起来，就变成了熊熊大火，给中国人民带来了美好的未来。

对很多同学来说，马克思既熟悉又陌生。说熟悉，是因为电视上、报纸上、自媒体上经常报道马克思的思想，介绍马克思主义中国化的理论成果；说陌生，是因为马克思生活的时代对应着中国清朝末年，他的研究对象是欧洲资本主义社会和共产主义运动，他本人没到过中国，而且马克思的很多著作对于同学们来说过于深刻。那么，马克思真的懂中国吗？他的理论在中国管用吗？

从19世纪40年代开始，马克思在创立唯物史观和科学社会主义理论的过程中就开始关注中国问题，以阐释人类历史从独立封闭转为世界共通、分析资本主义列强通过殖民政策开拓世界市场等，这在《德意志意识形态》《共产党宣言》《资本论》等著作中都有体现。

除了在分析特定问题时研究中国案例，1853年5月开始，马克思在《纽约每日论坛报》上发表了10余篇关于中国的专题文章，其中《中国革命和欧洲革命》《英中冲突》《俄国的对华贸易》《鸦片贸易史》等广受关注，及时让世界了解到中国的状况。马克思在《纽约每日论坛报》上持续发表社论，既是为了获得稿酬以维持生活，进而开展共产主义运动和学术研究，又是因为当时西方无产阶级革命陷入低谷，欧洲统治者对工人运动进行了残酷镇压，而《纽约每日论坛报》是为数不多的进步报纸。马克思的大量著作和笔记都提到了中国，《马克思恩格斯全集》中文第一版50卷中，有800多处涉及中国。

马克思之所以关心中国，除了唯物史观、剩余价值论等科学研究的需要，更是由于1848年欧洲革命失败导致西欧无产阶级革命进入低潮，马克思从共产主义世界统一战线的需要出发，积极联合东方世界的中国、印度等，为欧洲无产阶级斗争寻找新的同盟军，以待新的革命热潮来临。

尽管没有到过中国，但马克思一方面阅读并摘录了乌尔卡尔特、克雷姆、麦克库洛赫等学者关于中国的历史资料，另一方面还阅读了英国议会的经济蓝皮书，分析东印度公司与中国的贸易关系。通过阅读史料等间接调查方法，马克思既了解了中国的历史，又了解了清政府统治下中国的状况和西方列强对中国的掠夺。

马克思将鸦片战争作为研究中国的切入点和重点，分析近代中国积贫积弱、惨遭西方列强蹂躏的原因，深切同情中国人民的悲惨遭遇。在马克思看来，英国用海盗的方式侵略中国，英国发动的鸦片战争使中国白银大量外流，清政府不断加税，导致民不聊生。清朝腐败无能和西方帝国主义侵略的双重枷锁让近代中国的经济结构走到尽头。

虽然远隔万里，近代中国在鸦片战争中惨败，成为西方列强掠夺的对象，进而走向衰落的秘密还是被马克思揭开了。世界上没有无缘无故的强，也没有无缘无故的弱。马克思认为，近代中国落后主要是两个方面原因造成的，一是清政府长期闭关锁国，二是清政府腐败让国家积贫积弱。

对于近代中国的封闭性、落后性，马克思总结道：中国是一块"活的化石"。19世纪40年代的中国，以自然经济和小农经济为主，这是落后的封建经济形式，而西方国家在16世纪以后就陆续完成了工业化，形成较为先进的资本主义经济形式，科技和工业发达让这些国家越发强大，在资本攫取剩余价值的利益驱动下，它们到处寻找新的财富掠夺地。马克思认为，西方帝国主义的坚船利炮会对古老的中国社会产生破坏性影响，给人民造成极大创伤，两次鸦片战争验证了他的预言。

正如马克思所说，"与外界完全隔绝曾是保存旧中国的首要条件，而当这种隔绝状态通过英国而为暴力所打破的时候，接踵而来的必然是解体的过程，正如小心保存在密闭棺材里的木乃伊一接触新鲜空气便必然要解体一样"[1]。

在马克思眼中，未来中国是什么样？他对于中国的未来充满期待，认为随着西方工业文明的引入，中国将彻底改造以农业和手工业为主的自然经济，建立起自己的工业基础。随着中华民族的重新崛起，整个亚洲将升起历史新纪元的曙光。为此，马克思给他心中的未来的中国取了一个名字"中华共和国"——多么富有远见！

马克思还精准预测"中国社会主义"的出现。1850年，马克思观察到中国一部分人贫穷、一部分人富裕，以及革命者要求重新分配财产甚至完全消灭私有制的现象，便预言"中国社会主义"必将出现，并且"中国社会主义"与"欧洲社会主义"是不同的，有其独特性，"中国社会主义之于欧洲社会主义，也许就像中国哲学与黑格尔哲学一样"。

之所以这么懂中国，并科学预测中国的未来，除了马克思对中国这个东方大国历史的深入洞察，更在于他分析中国问题时自始至终运用历史唯物主义这一科学方法，客观、理性地分析近代中国问题的根源、命运和未来。

经典语录

在政治上为了一定的目的，甚至可以同魔鬼结成联盟，只是必须肯定，是你领着魔鬼走而不是魔鬼领着你走。

——马克思《科苏特、马志尼和路易－拿破仑》，1852年

---

[1] 《马克思恩格斯文集》第2卷，人民出版社2009年版，第609页。

同学们如何去做

其一，对于学习和考试，将学习放在第一位。学习是一种成长方式，更是一种人生能力。考试是一种检测手段，有了学习能力，考试就不用担心，水到渠成自然能取得好成绩。同学们在小学、中学阶段更多是接受知识，到大学、工作阶段就会发现，关键是学习能力，而不是具体知识本身。因此，要注重学习能力的培养。比如，老师安排一项帮助农民销售苹果的课外作业，如何去做呢？可以通过学习成功的营销案例，或者向生活中的经营高手学习，就能找到完成任务的钥匙。

其二，对待科学理论必须有科学的态度，经典理论要结合自身实际活学活用，不能当作教条。没有绝对真理，只有相对真理。任何一种科学理论都有其适用的特定环境和条件。比如马克思的理论，与俄罗斯的实际相结合，形成城市工人暴动夺取政权的道路，但是同中国的实践相结合，就产生了"农村包围城市、武装夺取政权"的革命道路。中国土地革命时期，不顾实际，先夺取城市，是付出了血的代价的。

其三，要学会谋事，心里要打算盘，提前考虑近期要做的事。比如，近期想取得哪方面的进步，要通过哪些努力才能达到目标。古人讲"凡事预则立，不预则废"，就是告诉我们遇事不能临时抱佛脚，要提前做好准备。

社会责任：个人追求和民族复兴的统一

同学们常听到师长的教导，要为中国作贡献，有的同学会认为自己平时做的都是点滴小事，谈不上为中国作贡献。这样的观点对吗？其实，师长的教导是告诉同学们要树立远大的理想，未来有很大的舞台在等着同学们。为个人的发展拼搏与为国家作贡献之间并不是冲突的，因为只有中国高速发展了，生活在这片土地上的每个人才有机会获得更好的发展，同时，只有每个人发展好了，中国才能更强盛，个人发展与国家发展是相辅相成的。正如2019年1月17日习近平总书记考察天津时所说，将小我融入大我，才会有海一样的胸怀、山一样的崇高。马克思也是在领导国际共产主义运动的过程中实现传播个人学术思想的目标，并且帮助很多国家发动了无产阶级革命，解放当地受苦受难的人民。

红色经典再现

19世纪，资本主义制度成为主流，起源于英国的工业革命推动欧洲乃至世界很多国家阶级关系的变革，资产阶级和无产阶级矛盾越来越激化。资本家残酷剥削、压榨工人成为常态，纺织工人一天工作14个小时以上，工厂逼仄、闷热，充满恶臭，童工多、收入低等司空见惯，贫富差距不断拉大，社会矛盾日益突出。为了反抗压迫，工人阶级作为一支独立的政治力量寻求自身权利的意识开始觉醒，法国丝织工人起义（1831年、1834年）、英国宪章运动（1836—1848年）、德国西里西亚纺织工人起义（1844年）等欧洲三大工人运动就是工人争取权利的斗争。但是，由于没有属于工人阶级的科学理论的指导，这些运动都失败了。当时，欧洲的工人运动亟需科学理论的指导。马克思、恩格斯就生活在这样的时代，现实为他们在批判地继承法国空想社会主义等人类文化成果的基础上创立马克思主义理论提供了深厚的土壤。

1842年1月—1843年3月在《莱茵报》工作期间，马克思开始接触共产主义和社会主义思潮。马克思承认，当时自己对这些思潮只是有一个大体的概念，研究还不深，还没有能力用系统的理论来解决英、法两个国家需要解决的问题，只有在长期持续的、深入的研究之后才能加以批判英、法共产主义的重要著作。在《莱茵报》因为批评普鲁士政府限制出版自由等激进言论被查封后，1843年3—9月，马克思撰写了《黑格尔法哲学批判》，这是他深入开展共产主义思想研究的开端。马克思逐步意识到解释世界固然重要，改变世界更加重要，并在《关于费尔巴哈的提纲》中写道："哲学家们只是用不同的方式解释世界，而问题在于改变世界。"

随着马克思对资本主义社会本质矛盾的理解不断加深,他开始把共产主义理解为客观历史运动以及人的解放的自觉实践,并始终秉持这一理念。1847年6月2日,根据马克思、恩格斯的建议,正义者同盟更名为共产主义者同盟,标志着国际无产阶级第一个革命政党成立。1848年,马克思和恩格斯为共产主义者同盟起草的第一个纲领《共产党宣言》在伦敦正式出版,从此,全世界无产阶级有了理论武器。1848年法国二月革命爆发后,马克思被选举为共产主义者同盟中央委员会主席。由于受到反动派的迫害,共产主义者同盟于1852年11月17日解散。尽管如此,马克思开创的共产主义思想开始在世界广为传播。

1851年马克思刚到伦敦时,经济拮据,收入只有微薄的稿费,不得不靠典当为生。1852年,马克思经常不能出门,因为他把大衣典当给了当铺老板。由于生活条件极差,他的三个孩子先后夭折,但他对共产主义的热情不断高涨,持续开展了科学研究。

进入19世纪60年代,各国工人阶级反对资产阶级的运动此起彼伏。1864年,在英国伦敦,马克思领导成立国际工人协会(又称第一国际),确立了建立国际工人阶级统一战线的思想,意图推翻资本主义,建立工人阶级政权。国际工人协会一方面对外进行斗争,另一方面对内与非共产主义、非社会主义思想进行斗争。尽管伴随巴黎公社的失败,国际工人协会于1876年7月15日正式解散,但是它广泛深入地宣传马克思主义,为工人阶级独立执政建立了基础,并且推动世界工人运动有组织地向前发展。

19世纪70年代后期,欧洲各国工人人数激增,到80年代末,欧美已有16个国家先后建立社会主义政党,社会主义政党的国际联系日益密切。在马克思主义广泛传播的影响下,1889年7月14日,恩格斯继承马克思开创的共产主义伟大事业,在法国巴黎创立世界工人运动的组织——社会主义国际(即第二国际)。第二国际对国际共产主义运动产生了深远影响,创立了5月1日国际劳动节、3

月8日国际妇女节,并开创八小时工作制运动。直到1895年8月5日恩格斯在伦敦逝世前,第二国际在恩格斯的领导下一直在继承和发扬马克思开创的伟大事业。1914年第一次世界大战爆发,第二国际解散。

共产国际是随着第二国际的转变而成立的。为了区别于第二国际,总部在莫斯科的这个共产主义联盟组织不称第三国际而称共产国际。总部在德国的第二国际是由德国民主党领导的共产主义运动组织。1914年8月,德国民主党背离马克思主义的理论和信条,支持德国法西斯发动第一次世界大战,标志着第二国际的灭亡。俄历1917年10月25日,列宁领导的布尔什维克武装力量在彼得格勒发动武装起义,推翻资产阶级临时政府,建立苏维埃政权。

1919年3月,由世界各共产主义组织倡议,来自21个国家的52名代表在莫斯科召开国际共产主义者代表大会。大会选举列宁担任共产国际主席,还通过了共产国际行动纲领和无产阶级宣言等文件。共产国际推动马克思学说在一个国家第一次落地生根,对其他国家具有引领作用,特别是给中国革命事业提供了可供借鉴的实例。1943年,为联合美、英等国成立同盟国,抗击发动第二次世界大战的德、意、日等轴心国,共产国际组织宣布解散。

无论是马克思亲自领导的第一国际、恩格斯领导的第二国际,还是列宁领导的共产国际,马克思开创的学说和事业始终与国际共产主义运动相互支撑,马克思就是将"小我"融入共产主义事业"大我"的典型代表。

经典语录

哲学家们只是用不同的方式解释世界,而问题在于改变世界。

——马克思《关于费尔巴哈的提纲》,1845年

社会责任：个人追求和民族复兴的统一

同学们如何去做

其一，做实干派、行动派，杜绝夸夸其谈。所谓"空谈误国，实干兴邦"。有的同学喜欢纸上谈兵、喜欢吹牛，真正行动的时候却畏缩不前。要行动起来，制定好计划和策略，脚踏实地，有勇有谋地去完成一件一件小事。

其二，聚焦一件事，团结一群人，才能做一辈子的事业。"一件事，一群人，一辈子"既是对马克思开创的国际共产主义运动的高度概括，又是百年风华的中国共产党中华民族复兴伟大事业的生动写照，更是很多伟人、伟大企业将"小我"融入世界"大我"的具体实践。一个人、一家企业的能力是有限的，团队作战才能产生更大的效应。所以，要注意找到志同道合的朋友，聚焦一件事，集中精力把它做好，切不可三天打鱼、两天晒网，这样注定是不会成功的。要心系"国之大者"，理解个人发展与国家、世界发展是紧密结合的。

其三，要有世界眼光，大处着眼、小处着手。中国与世界交往频繁，人才、资源在不同国家和地区流动，同学们要有全球视野，开拓眼界，不仅了解中国每天发生的大事，还要了解世界上发生的事情。通过与外国笔友交流、与外国教师交流，观看外国纪录片、电影、新闻等方式，加深自己与世界的联系。

第六章

家和远方：塑造完美的自己

　　家和外面的世界对于同学们都很重要。家是港湾，既塑造一个家庭的顶梁柱，又孕育国家栋梁之材，在你疲惫时，家是给你温暖、安慰的港湾。远方的外面的世界能开拓人的视野、增强社会实践能力，为未来服务中国、改变世界作准备。同学们能不能成为家庭的顶梁柱和国家的栋梁之材，既与家风有很大关系，又跟见识和经历有密切关联。家风是一家人做事做人的内部文化，体现着家庭成员的精神风貌、道德品格、为人处世之道。儒家倡导读书人要修身、齐家、治国、平天下，只有修身、齐家了，才能更好地治国、平天下，其中，齐家就是倡导良好家风、注重家庭教育。对同学们来说，远方的外面的世界是用来增长见识、开阔眼界的，增强个人在实践中解决问题的能力。马克思一方面是伟大的无产阶级思想家，一方面是与妻子相濡以沫的丈夫，是开明豁达的父亲，是恩格斯志同道合的战友，他在不同国家、不同地方的实践中改变了自己，更改变了世界。同学们要想成为家庭支柱、社会栋梁，拥有幸福人生，就要学习参与自己家庭的建设，成为良好家风的建设者、维护者和倡导者，更要在远方的研学旅行中不断完善自己，塑造完美的自己。让我们看看马克思一家如何培育良好的家风，也让我们看看红色研学的精髓吧。

红色经典再现

马克思的妻子是燕妮·冯·威斯特华伦。燕妮与马克思青梅竹马，但由于彼此身份差距悬殊，他们的恋情遭到女方家人反对。经过7年的苦苦等待，终于，在1843年6月19日，25岁的马克思和29岁的燕妮结婚了。

两人婚后生活十分拮据，马克思要从事艰苦的共产主义事业，从事心爱的马克思主义理论研究，只能靠微薄的稿费维生。尽管生活贫苦，但马克思和燕妮始终不离不弃、生死相依。

马克思和燕妮一生育有6个子女，只有3个女儿长大成人，她们是大女儿燕妮·马克思、二女儿劳拉·马克思、三女儿艾琳娜·马克思。初到伦敦时，一家人生活十分贫苦，燕妮把自己的嫁妆拿去当铺典当，也无法填饱肚子，更没有多余的钱看病，他们因此相继失去了3个孩子。燕妮在《动荡生活简记》中回忆说："我绝望地跑到一个法国移民那里，请求他给我们一点资助，他非常友好地给了我两英镑，我用它买了一口小棺材，小女儿出生时没有摇篮，而死时差一点连安身之地都没有。"患难时刻见真情，马克思、燕妮相互扶持，承受着失去儿女的巨大悲痛，既没有放弃革命事业，也没有放弃科学研究。

榜样的力量是无穷的。马克思和燕妮注重在生活中用实际行动影响孩子们的一言一行，而不是单纯说教。他们不仅在生活上相濡以沫，在事业上，燕妮也成了马克思伟大事业的得力助手：燕妮是世界上第一位通晓科学社会主义理论的女性。马克思在伦敦写作《资本论》期间，因病累倒了，有时只能卧床口述文章，燕妮常常替他记录，燕妮说这是自己一生中最幸福的时刻。

马克思和燕妮的良好家风不仅表现为夫妻互爱互敬、同甘共苦，更体现在与孩子们的相处中。马克思家中时时欢声笑语，其乐融融，严肃又活泼，马克思经常与孩子们探讨马克思主义理论以及社会主义的前途命运。马克思还注意培养孩子们的独立精神和主动精神，在他与革命战友讨论问题时，允许孩子们发表自己的见解。同时，他还鼓励孩子们主动学会自己缝衣服、做饭等。

19世纪60年代，马克思给女儿们写的《自白》，真实呈现了一个马克思主义者家庭的良好家风、崇高品德和远大理想。女儿们在父亲母亲的影响下都坚定地走上了为共产主义奋斗的道路。在问答式的《自白》中，马克思对于自己的喜好、个性这样说道：

您的特点：目标始终如一。

您厌恶的缺点：逢迎。

您能原谅的缺点：轻信。

您对幸福的理解：斗争。

您对不幸的理解：屈服。

您喜爱的英雄：斯巴达克、刻卜勒。

您喜爱的女英雄：甘泪卿。

您喜爱的诗人：埃斯库罗斯、莎士比亚、歌德。

您喜爱的散文家：狄德罗。

您喜爱的花：瑞香。

您喜爱的格言：人所具有的我都具有。

您喜爱的箴言：怀疑一切。

马克思和燕妮的爱情，从年轻时的热恋，到中年时的相互扶持，再到晚年时的坚贞不渝，是无私的爱情，更是革命同志的友情。燕妮晚年患上肝病，卧床不起，马克思日夜照顾她，自己也病倒了。有一天，马克思身体好些，能下床了，就走到燕妮床边，抚摸着她的额头，他们像一对热恋中的年轻情侣。据小女儿艾琳娜·马克思回忆："我永远也忘不了那天早晨的情景。他们在一起又都成了年轻人，好似一对正在开始共同生活的热恋着的青年男女，而不像一个病魔缠身的老翁和一个弥留的老妇，不像是即将永别的人。"

以马克思、燕妮为代表的马克思主义者塑造的良好家风给世界留下了宝贵的文化遗产，对于构建幸福家庭、和谐社会至关重要，对于中国实现中华民族伟大复兴中必须铸牢家庭基础也有深远意义。正如习近平总书记指出，广大家庭都要弘扬优良家风，以千千万万家庭的好家风支撑起全社会的好风气。"中华民族传统家庭美德，铭记在中国人的心灵中，融入中国人的血脉中，是支撑中华民族生

家和远方：塑造完美的自己 141

生不息、薪火相传的重要精神力量，是家庭文明建设的宝贵精神财富。"[①] 未来，中国要将马克思主义者的优良家风与中华民族传统家庭美德相结合，为实现现代化强国打下基础。

马克思一方面重视家庭、家风的建设，另一方面，在实践中通过旅行进行马克思主义理论研究、传播共产主义火种、开展共产主义运动。马克思先后在德国特里尔、波恩、柏林、科隆，法国巴黎，比利时布鲁塞尔，英国伦敦等地学习、工作和旅行，在这些地方结识了众多革命战友，通过在远方的旅行，开阔了眼界，加深了对社会的认识，写出了《资本论》等经典理论著作。如同马克思的好朋友威廉·李卜克内西的描述：你只有在英国才能成为马克思。可以想象，如果

---

① 习近平：《在会见第一届全国文明家庭代表时的讲话》，《人民日报》2016年12月16日。

没有远方的旅行,就没有马克思主义理论的诞生,更不可能有马克思主义中国化的伟大实践了。

中国作为深受马克思主义影响的国家,无论在马克思主义中国化的理论创新上,还是在红色旅游项目的建设上,都取得了伟大的成就。特别是红色研学实践,以延安、井冈山、韶山、西柏坡等为代表的红色目的地,通过开发适合青少年的红色研学产品、红色研学线路,让青少年在红色研学中领悟马克思主义中国化理论的智慧,感受新中国成就的来之不易,了解军民鱼水情的真挚情感,涵养保家卫国敢于胜利的英雄气概,增强家国情怀,提升自我管理能力,将来为中华民族伟大复兴贡献自己的力量。

同学们要在红色研学中感悟理论的力量、人性的光辉,争取在家庭和远方的旅行中尽快成长为少年马克思主义理论家,用理论指导实践,用实践检验自己的理论,通过不断反思、不断实践塑造更加美好的自己。

经典语录

燕妮,即使天地翻覆迷茫,
你比天空晴朗,比太阳明亮。
即使天下人把我淋漓诅咒,
只要你属于我,我都能忍受。

思念比天上宫殿还高,
比永恒的天地更久长,
比理想国还更美妙,

忧心似海，深胜海洋。

思念无穷无尽永无止境，
像上帝亲自塑造的一样，
你留给我的形象，
我永远无限向往。

你就是思念的化身，
思念两字犹未能表达深情，
可以说它像一团火，
永远不断燃烧我激荡的心。

——马克思《思念——致燕妮》，1836 年

同学们如何去做

其一，要高度重视家风问题。如同一个伟大的企业一定有伟大的企业文化，一个优秀的家庭必定有良好的家风。如果一个家庭将相互尊重、勤于思考、勇于挑战、积极沟通等作为家风，那么这个家庭必定是和谐、幸福、进取、向上的，家庭成员未来的事业也大概率是成功的。

其二，在家风建设中发挥作用。把修身、齐家落到学校和家庭中实实在在的小事上，落在与家人、同学、朋友的相处中。在家里，在学校，有了烦恼或者遇到让人不高兴的事，要与家人、同学及时沟通，讲道理，而不是大喊大叫、乱发脾气。要学会心平气和地沟通，学着成为管理情绪的高手，而不是让不良情绪左

右自己的行动。做一个积极乐观的人，力所能及地帮助别人，你定能收获更多的友谊和掌声。

其三，在红色研学实践中检验自己的理论，并不断完善自己的理论，用以指导生活、学习。马克思、恩格斯的理论以及马克思主义中国化的理论对于青少年形成正确的世界观、价值观、方法论至关重要，同学们学习掌握了一定的红色理论后，要通过红色研学来检验自己的理论，在红色研学实践中，在与同学的相处中，在完成学校的任务中，不断完善自己的方法，从而塑造更加美好的自己。

后记

马克思主义如何影响世界？

同学们常常听说马克思对于中国的巨大影响，我国将马克思主义同中国具体实际相结合，走出了一条中国特色的发展道路，老百姓生活富裕了，国家强盛了。其实，除了中国，马克思对资本主义国家也产生了巨大的影响，涉及政治、经济、社会、文化等多个方面，而且这种影响一直延续到马克思逝世140年后的今天，以及未来很长时间。让我们看看马克思、恩格斯创立的马克思主义对世界的影响吧。

1848年，马克思、恩格斯发表《共产党宣言》，从此，马克思主义开始登上历史舞台，并对世界格局、人类发展产生深远的影响。

马克思主义深刻影响了世界政治格局，世界形成了资本主义、社会主义两大阵营。马克思主义起源于英国、德国等欧洲国家，又给俄国带去了彻底的共产主义。俄历1917年10月25日，列宁领导2万名赤卫队队员夺取俄国临时政府冬宫，发动著名的"十月革命"，创立了世界上第一个由无产阶级领导的、以工农联盟为基础的、不同于资本主义私有制的社会主义国家。以俄国为基础建立的苏联，在短时间内实现了经济跨越式发展，从落后的农业国迅速变为先进的工业国，1913—1938年，苏联工业产值增长近7倍，实现7.8%的年均增长率，当时美国为1.4%，英国、法国均不到1%。

马克思提出俄国跨越资本主义制度的"卡夫丁峡谷"设想。"卡夫丁峡谷"是指资本主义社会形态的各种弊端。马克思希望俄国避开资本主义进入共产主义，从而跨越"卡夫丁峡谷"。在《共产党宣言》1882年俄文版序言中，马克思、恩格斯指出："假如俄国革命将成为西方无产阶级革命的信号而双方互相补充的话，那么现今的俄国土地公有制便能成为共产主义发展的起点。"

1991年苏联解体，它并没有跨越"卡夫丁峡谷"。中国共产党人将马克思主义中国化时代化，创立了自己的理论，成功跨越"卡夫丁峡谷"，而且还在不断完善自己的发展道路。

后记

马克思主义的世界影响表现在其思想的深远,是当今世界最具影响力的话语体系之一,唯物辩证法、剩余价值理论等是人类分析世界、改造世界的重要世界观和方法论。物理学家爱因斯坦曾指出:自然科学离开了认识论的指导,就会成为混乱的材料;认识论要是不同科学接触,就会成为空架子。

马克思主义思想不仅在中国、朝鲜、古巴、越南等社会主义国家是主流,而且深刻影响了大批资本主义国家的制度变革,卢卡奇、哈贝马斯、葛兰西等西方资本主义国家的马克思主义学者推动了世界哲学科学的大繁荣。

马克思主义让资本主义国家更加关心普通百姓生活,解决资本主义弊端。特别是2008年世界金融危机爆发,让马克思的《资本论》《共产党宣言》等经典著作在西方世界又一次热起来。在德国,2008年《资本论》的销量是1990年的上百倍,是2007年的近10倍。法国学者德里达曾指出,不能没有马克思。没有马克思,没有对马克思的记忆,没有马克思的遗产,也就没有将来。

马克思主义深刻影响了西方资本主义的文化和制度。美国、法国、德国等国家的工会就是在马克思主义影响下创建的,至今还在维护工人权益方面发挥重大作用。此外,三八妇女节、五一劳动节、六一儿童节等世界性节日,就是在马克思主义的影响下设立的,旨在为广大妇女、劳动者、儿童争取权益,引发世界对这些群体更多的关注。